상처받지 않는 힘
상처를 더 받는 당신이 있다

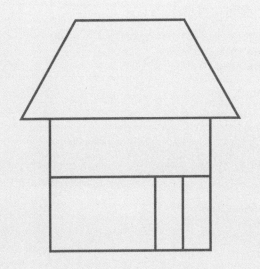

상처받지 않는 힘

상처를 더 받는 당신이 있다

초판 1쇄 인쇄 ㅣ 2022년 6월 15일
초판 1쇄 발행 ㅣ 2022년 6월 21일

지은이 ㅣ 김신영
펴낸이 ㅣ 오두환

펴낸곳 ㅣ 대한출판사
등록 ㅣ 2020년 7월 15일 제402-2020-000013호
주소 ㅣ (15809) 경기도 군포시 공단로 284
전화 ㅣ 031-459-8830
팩스 ㅣ 031-454-7009
이메일 ㅣ daehanbook@naver.com

ISBN 979-11-92505-00-8 (03190)
값 16,500원

상처받지 않는 힘
상처를 더 받는 당신이 있다

김신영 지음

대한출판사

66

이 책을 읽는 순간
당신은 상처받지 않는 강한 자아를
갖게 될 것이다

99

같은 상황에서도 상처를 더 받는 사람이 있다. 그들은 가정에서, 직장에서, 그리고 그 밖의 일상생활 전반에서 타인으로 인한 상처로 고통을 받는다. 반면 상처를 받을 만한 상황인데도 아무렇지 않게 타인과 관계를 맺으며 잘 생활해 나가는 사람들도 있다.

나는 30년이 넘게 교직 생활을 하면서 타인과의 관계에서 이유 없이 부적응으로 고통을 겪는 수많은 직장인, 학생과 교사, 그리고 그로 인해 어려움을 겪는 학부모들을 만났다. 그중 부적응을 겪는 학생들은 알 수 없는 두려움으로 등교를 거부하거나, 주변 사람을 지목하여 탓하며 고발하기도 했다.

그런데 신설 고등학교의 교장으로 9년간 일하는 동안 나는
학생들의 부적응이 비단 학생 본인만의 문제가 아니며, 그들
부모의 자아정체감과 연계되어 있다는 것을 알게 되었다. 자
아정체감이 낮아 일상생활에서 상처에 예민한 부모들의 특성
은 자식에게 그대로 유전될 가능성이 크다. 그러면 그들의 자
녀 역시 평생 사소한 일에 예민하게 상처를 받는 사람으로 살
아갈 수밖에 없는 것이다.

이 책에는 정신분열증을 앓는 엄마와 동생을 부끄러워하며
친구들에게 숨겨온 한 여학생이 등장한다. 그러던 중 학생은
친구들로부터 심한 비난과 욕설을 듣고 자살을 시도한다. 그
일로 인해 학생은 교장을 만나게 되고, 상담을 받으며 이야기
는 시작된다.
나는 두 사람의 대화를 통해 인간의 자아개념, 자아존중감,
자아정체감의 생성 과정이 인간의 상처에 어떻게 영향을 미치
는지 전달하고자 했다. 특히 상처를 받는 사람과 안 받는 사람
의 근본적 차이를 분석하고, 상처를 안 받는 인간이 되기 위한
자아정체감 관리에 중점을 두었다.

이 책에서는 상처받지 않는 힘을 기르는 유일한 민족으로
유대인을 주목한다. 지금까지 유대인 관련 서적은 많이 출간
되었는데, 대부분 자녀 교육의 성공 요인으로 하브루타(토론
식 교육), 율법 교육, 경제 교육 등을 소개하고 있다.

하지만 나는 이러한 생각에 동의하지 않는다. 그 이유는 내가 상처받지 않는 힘에 관해 오랫동안 연구하던 중 유대인 부모의 놀라운 비밀을 알게 되었기 때문이다. 유대인 부모들은 자아정체감이 발달해 있어 스스로 상처를 받지 않는다. 이러한 특성은 그들의 자녀도 타인과의 관계에서 상처받지 않는 강한 자아를 가진 아이로 성장할 수 있게 돕는다.

그리고 이러한 힘은 전 세계가 놀라며 존경을 표하는 유명 인사들을 탄생시킬 수 있었다. 아인슈타인, 에디슨, 뉴턴, 프로이트, 카를 융, 앨빈 토플러, 스티븐 스필버그, 카를 마르크스, 에리히 프롬, 조지프 퓰리처, 마크 저커버그 등이 대표적인 예다.

나는 부적응으로 힘들어하는 학생들 수백 명과 상담을 진행하면서 자아정체감을 끌어올리는 것에 집중했다. 그리고 그 방법으로 아이들의 삶이 매우 평온해지는 것을 완전하게 경험한 바 있다. 이후 나는 자신과 타인으로 인해 심리적 고통을 받는 어른들을 대상으로 상담의 폭을 넓혀 적용하게 되었다. 그들은 대인관계에서 상처를 많이 받고 타인과의 관계에 두려움을 느끼는 사람들, 갑질을 일삼는 사람들 등 다양했다.

상담을 받은 그들에게 자아정체감의 발달은 기적과도 같았다. 대부분 매우 강한 자아를 갖게 되고, 어떠한 상황에서도 상처를 받지 않는 일상으로 평온하게 살아가는 것을 볼 수 있었다.

나는 이 책을 통해 내가 알게 된 상처받지 않는 인간의 비밀과 자아정체감을 더 많은 사람과 공유하고자 한다. 다시 말하지만, 이 책을 읽는 순간 당신은 절대로 상처받지 않는 강한 자아를 가진 사람이 될 것이다.

이 책으로
당신이 상처받지 않는 힘을 기르길 바라며

김신영

C O N T E N T S

"동료나 선배 때문에
직장에 못 다니겠다고 하소연하는 당신이 있다."

"학급을 교체해도, 학년이 바뀌어도, 전학을 가도
고통에서 벗어나지 못하는 아이들이 있다."

"당연히 상처받을 일에도
전혀 아무렇지 않은 사람들도 있다."

1

상처를 더 받는 당신이 있다

학생은 약속 시간에서 두 시간이나 늦게 나타났다. 지난번에 입었던 빛바랜 검은색 체육복을 입고, 여전히 챙이 있는 검은색 모자를 눌러쓴 여학생의 모습이 교장의 눈에 들어왔다.

상담을 위해 교장실에 나타난 학생은 그저 자리에 앉아 있을 뿐이었다. 어떻게 지냈느냐고 묻는 교장의 인사말에도 아무런 대답이 없었다. 그런데 학생의 눈은 또렷이 교장을 응시하고 있어서 교장은 더 난감함을 느꼈다. 학생의 그런 태도는 교장을 향해 자신의 문제를 해결해 줄 수 있다면 어디 한번 해보라고 말하는 것처럼 보였다.

교장 어느 날 학부모 한 분이 아이와 손을 잡고 교무실에 들어

오서서 다짜고짜 내게 종이 한 장을 내미셨어. 그러고는 '여기 명단에 쓰여 있는 학생들을 피해서 우리 아이의 반을 배치해 주세요.'라고 요구하셨어. 그 아이는 고등학교 1학년을 마치고 2학년으로의 진급을 앞둔 상황이었지. 어머님이 주신 종이를 보니 학생 열한 명의 반과 이름이 적혀 있는 거야. 나는 직감적으로 여러 명의 학생이 한 학생을 괴롭히는 학교폭력이 발생했다고 생각했어. 너무 걱정되어서 어머님께 '여기 적힌 열한 명의 아이들이 이 아이를 괴롭히고 있나요?'라고 물었어. 그러자 어머님은 분을 억지로 삭이며 '괴롭히는 정도가 아니에요. 그 애들이 우리 아이를 항상 주시하면서 정신적 학대를 하고 있어요.'라고 말씀하셨지. '학대'라는 표현을 들은 나는 엄마 옆에 소리 없이 고개를 숙이고 있는 아이에게 다급히 물었어.

한창 이야기를 하던 중 학생과 눈이 마주친 교장은 깜짝 놀랐다. 학생이 여태까지 교장이 보았던 모습 중 가장 흥미를 느끼는 표정을 짓고 있었기 때문이다. 그 모습에 교장은 더 신이 나서 하던 이야기를 이어갔다.

교장   '열한 명의 아이들이 너를 어떻게 괴롭혔는지 자세히 말해 줄 수 있겠니?'라고 말이야. 그런데 아이는 아무런 대답도 하지 않았어. 그러자 그 모습을 지켜보던 어머님이 아이에게 용기를 북돋아 주시며 설득하셨지. '선생님께

어서 이야기해. 그래야 학교에서 그 애들이 없는 반으로 반 배치를 해주실 거 아니니?'라고 말이야. 그런데도 아이는 아무 말도 하지 않았어. 나는 그 아이가 자신을 괴롭히는 친구들이 두려워서 내게 말을 하지 않는다고 생각했어. 한참을 망설이던 아이가 용기를 내서 내게 해준 말은 그 열 한 명의 애들이 자기를 너무 싫어한다는 거야. 그래서 '그 애들이 너를 싫어한다는 것을 어떻게 알았니?'라고 물었지. 그랬더니 그 애들이 항상 자기 흉을 보고 다닌다고 얘기했어. 구체적으로 어떻게 흉을 보는지는 알 수 없지만, 그 아이가 지나갈 때마다 그 애들이 아이를 바라보며 쑥덕거린다는 거였어.

학생   그건 학교폭력 아닌가요?

   교장은 학생이 이 이야기에 관심을 보이는 것에 고마움을 느끼며 '그렇게도 볼 수 있지.'라고 대답했다.

교장   나는 그 아이에게 그것 말고 또 다른 괴롭힘이 있었냐고 물었지만 다른 특별한 것은 없다고 했어. 단지 그 애들이 자기를 너무 싫어해서 학교에 나오기가 무섭다는 거야. 나는 어머님과 학생을 잠시 대기시키고, 반 배치를 담당하는 선생님께 학생의 어머님이 주신 열 한 명의 명단을 전달했어. 그리고 그 아이가 지목한 학생들과 같은 반이 되지 않도록 조정해 달라고 요청했어. 실제 진실이 무엇이든 학생과 어머님이 심각하게 고통을 호소하는 상황이라서 가능하면 빨리 문제를 해결하고 싶었기 때문이야. 그런데 안타깝게도 반 배치를 담당하는 선생님이 아무리 노력해도 열 한 명의 학생을 피해서 반을 배치하는 것은 불가능하다고 말씀하셨어.

학생   학교는 학생들의 어려움에는 관심이 없으니까 그렇겠죠.

교장   아니, 그건 아니야. 고등학교 2학년부터는 학생이 각자 스스로 선택하는 과목들이 많아. 그러니 학교는 가해자로 보이는 학생들에게 자신의 희망 과목을 포기하고 다른 반으로 이동하라고 강요할 수는 없거든.

학생은 수긍했는지 더는 이의 제기를 하지 않고 조용히 있었다. 교장은 다시 이야기를 이어 나갔다.

교장   나는 그 상황을 어머님께 설명하고 학생이 원하는 대로 반 배치를 변경하는 것이 불가능하다는 것을 알려드렸지. 그리고 가해 학생들을 대상으로 다시는 그런 일이 발생하지 않도록 지도하는 선에서 이 사안을 종료하는 것으로 어머님께 의견을 물었어. 반 배치를 변경할 방법이 없다는 결론을 들은 학생의 어머니도 결국 포기하셨지. 만약 그 아이들이 더 심하게 괴롭히면 '학교폭력대책자치위원회'에 신고하는 것으로 하고, 일단은 그냥 학교를 더 다녀 보자고 아이를 설득하셨어. 그런데 학생은 막무가내로 두려워서 학교를 못 다니겠으니 끝내 자퇴하겠다고 주장하는 거야. 나는 그 학생을 자퇴시킬 수는 없었어. 그래서 학생의

2학년 희망 선택 과목을 여러 개 변경하는 방법으로 무리해서 그 아이가 희망하는 대로 반을 교체해 주었어.

학생 　그 후로 애들이 안 괴롭히고 끝났나요?

교장 　무슨 뜻이야?

학생 　같은 반이 아니라고 해서 해결되는 것은 아니잖아요?

교장 　그래. 그래서 나는 아이가 지목한 가해 학생들을 만나서 물어봤어. '너는 왜 그 아이를 자꾸 쳐다보는 거니? 그 아이가 너무 힘들어하는 것 같아.'라고 말이야. 근데 내게 질문을 받은 학생들은 하나같이 화를 내면서 이렇게 말했어. '어이가 없다니까요? 걔가 하도 제가 쳐다본다고 주장을 하니까 이제 저도 그 애랑 마주칠까 봐 너무 스트레스 받고 있어요. 저는 맹세코 그 애를 일부러 쳐다본 일이 없어요.'라고.

학생 　그 애들 말을 어떻게 믿어요?

교장 　맞아. 나도 그렇게 생각했지. 나는 이 학생들이 그 아이를 괴롭히면서 거짓말을 하고 있는지도 모른다는 생각에 좀 돌려서 다시 질문을 했어. 너희들은 그 친구에 대해 어떻게 생각하느냐고. 그런데 내 질문을 들은 학생들은 모두 고개를 절레절레 흔들며 아무 생각도 안 한다고 했지.

학생 　누가 거짓말을 하는 거죠?

교장 　네 생각에는 누가 거짓말을 하는 것으로 보이니?

학생 　모르죠.

교장 　나도 도무지 누가 문제인지 알 수 없어서 더는 가해자로 지목된 학생들과 말을 이어 나가는 것이 무의미하다고 생각했어. 내가 할 수 있는 일은 고작 가해자로 지목된 학생들에게 '혹시 그 아이와 마주치면 항상 따스하게 대해 줬으면 고맙겠어.'라고 부탁하는 정도였지. 그런데 그 친구들이 얼굴을 붉히며 내게 따지듯 이야기하는 거야. '선생님, 정말 화가 나네요. 우리는 한 번도 그 애한테 어떤 말이나 행동을 한 적이 없다고 누누이 말씀드렸잖아요? 도대체 그 애는 왜 우리를 모함하고 다니는지 정말 모르겠어요.'라고 말이야.

교장의 말을 듣고 있던 학생이 한숨을 쉬었다. 그 소리가 너무 커서 교장의 마음에 박힐 정도였다. 교장은 학생이 무슨 말을 할 것 같아, 하던 말을 중단하고 기다렸다. 하지만 학생은 더는 아무런 반응이 없었다.

교장 나는 이런 고통을 받는 아이들과 여러 번 만나는 경험을 하면서 분명하게 알게 된 것이 있어. 괴롭히지는 않았을지 몰라도 최소한 서로 좋아하지 않는다는 것을 말이야. 그리고 확실한 것은 그중 한 아이, 혹은 쌍방이 모두 상처로 고통을 받고 있다는 거지.

조용히 듣고 있던 학생이 드디어 입을 열었다.

학생 그런 아이들을 여러 번 만났다는 것은 그런 일이 자주 있었다는 건가요?

학생은 교장이 이야기한 내용 중에서 그런 아이들을 여러 번 만났다는 표현에 꽂혔는지 그 부분을 콕 집어 질문했다. 교장은 학생의 이런 질문 방식이 마음에 들었다. 교장이 대답하려고 하는데 학생이 자신이 했던 질문에 다시 보충 설명을 했다.

학생   피해를 주장하는데 가해를 안 했다고 주장하는 일이요.

교장은 스타카토로 힘주어 '너. 무. 도. 많. 아.'라고 대답했다. 학생이 말한 부분이 바로 교장이 이 이야기에서 꼭 알려주고 싶은 핵심이었기 때문이다. 그러나 대답을 들은 학생은 다시 싸늘하게 무표정한 모습으로 돌아갔다.

교장   놀랍게도 피해 학생의 학급이 교체되고 2개월 정도가 지난 후에 해당 학생의 어머니가 또다시 나를 찾아오셨어. 그리고 심하게 화를 내며 말씀하셨지. '그 반에도 또 우리 애를 싫어하는 학생이 있어요.'라고 말이야. 심지어 대체 이 학교에는 왜 이렇게 이상한 학생들이 많은 거냐고 따지셨어. 나는 어머님과 대화를 나누며 연초에 반 배치 변경을 요구했던 그 학생이 또다시 다른 친구와의 갈등으로 고통을 겪고 있다는 것을 알 수 있었어. 어머니는 결국 아이가 다른 학교로 전학 갈 수 있도록 해 달라고 요청하셨지.

학생   반이 바뀌어도 그 열 한 명의 학생들이 그 아이를 괴롭혔나 보죠. 그리고 딱 잡아뗀 걸지도 모르죠. 그러니 전학 가는 방법밖에 없죠.

말을 끝낸 학생은 입꼬리를 약간 올리며 비웃듯 소리 없이 미소를 지었다. 자신이 한 말에 확신이 있어 보였다. 그 모습을 지켜본 교장이 의미심장하게 말했다.

교장   글쎄, 그럴까?

학생은 아무런 대꾸도 하지 않고 교장을 응시했다.

교장   몇 달이 지나지 않아 안타깝게도 그 학생이 전학 간 학교에서도 자퇴했다는 소식을 들었어.

학생의 표정이 어두워졌다.

학생   다른 학교에서도 또 괴롭힘을 당한 건가요?
교장   그렇다고 볼 수 있지. 그런데 나는 학교에 근무하며 이런 사례를 종종 경험하면서 중요한 것을 깨달았어. 어떤 학생들은 전학을 가든, 학급을 교체하든, 아니면 학년이 바뀌든지 항상 인간관계 속에서 상처와 고통을 받는다는 점이야. 기억하기도 어려운 사소한 일에 상처를 받아서 결국에는 학교에 다닐 수 없는 지경에 이르는 거지.
학생   그럼 그 아이 본인이 문제라는 건가요?
교장   글쎄, 어떻게 봐야 할까?

잠시 침묵을 유지하던 교장이 다시 말하기 시작했다.

교장   더 놀라운 건 이런 학생들이 너무도 많다는 거야.

학생   이런 학생이라니요?

교장   누가 상처를 주지 않아도 항상 상처를 받는 학생이라고 말해야 할까? 수업 시간에 계속 쳐다보는 아이 때문에 심장이 두근거려서 학교에 다닐 수 없다는 학생, 반 아이들이 모두 자기를 싫어하는 것 같아서 학교에 못 나오겠다는 학생 등이 있지. 나는 학교에 근무하면서 다른 아이들이 자신을 싫어해서, 해코지해서, 또는 다른 아이들이 무서워서 도저히 학교에 다닐 수 없다고 호소하는 학생들을 수도 없이 만났어. 특히 여기 신도시 신설 고등학교에 근무하면서부터는 하루가 멀다고 이런 학생들이 부모님의 손을 잡고 내게 와서 고통을 호소하며 눈물을 흘렸지. 심지어 그중 상당수의 아이가 이런 고통으로 끝내 자퇴하기도 했어.

학생은 다시 한숨을 길게 쉬었다. 교장은 학생에게 왜 한숨을 쉬는지 물어볼까 하다가 그만두었다.

교장   내가 처음 이런 아이들을 만났을 때는 피해 아이에게 분명히 고통을 주는 상대가 있고, 이 모든 문제가 가해자 탓이라는 것을 조금도 의심하지 않았어. 나에게 도움의 손길을 요청하는 아이들은 너무나 절박했고, 또 그 아이들에게 상처를 주는 상황에 관한 설명도 매우 구체적이었거든. 문제를 해결하기 위해 나는 그 아이들이 지목한 가해 학생들과 적극적으로 면담을 시도했어. 아까 그 사례처럼 말이야. 아무 이유 없이 친구에게 그런 가해를 하는 학생들을 가만 놔둘 수는 없었기 때문이지. 그런데 가해자로 지목된 학생들과 이야기를 나누면서 나는 정말 심각한 혼란에 빠졌어. 이렇게 말을 하는 것이 적절치 않겠지만 때로는 '피해를 주장하는 아이들이 정신병을 앓고 있는 것이 아닐까?' 하는 생각이 들 지경이었지. 또 어떨 때는 반대로 '가해자로 지목된 학생들이 정말 지독한 거짓말쟁이로 피해자 뒤에 교묘히 숨어 피해 학생을 괴롭히는 것이 아닐까?' 하는 생각이 들기도 했어. 무엇이 진실이든 여하튼 피해를 주장하는 아이들은 부모님과 학교를 찾아와서 그들의 문제를 해결해 주지 않는 학교를 원망했어. 그리고 학교생활에서 겪는 고통에 관해 수없이 많은 민원을 냈어. 끝내는 다른 학교로 전학을 가거나 자퇴를 택하기도 했지.

학생 그러니까 선생님 말씀은 누군가 괴롭히는 실체가 있는 것이 아니라 학생 본인이 스스로 고통을 받는다는 거예요?

교장 솔직히 그래. 처음에 나는 이 문제를 정확히 규명하는 것조차 힘들었어. 하지만 분명한 것은 그 아이들은 모두 고통을 견딜 수 없는 심각한 상황이었다는 거야. 그런데 정말 알 수 없는 것은, 이건 더 놀라운 사실인데, 어떤 아이들은 상처를 심하게 받을 법한 일에도 전혀 아무렇지 않다는 거지.

교장은 이만하면 자신이 말하려는 취지를 충분히 설명했고, 학생도 내용의 요지를 파악했을 것으로 생각했다. 그런데 학생과 눈이 마주친 순간 교장은 놀라지 않을 수 없었다. 학생의 얼굴이 빨갛게 달아올라 분노를 참고 있는 기색이 역력했기 때문이다. 교장은 학생이 매우 화가 나 있다는 것을 직감할 수 있었지만, 도저히 그 이유를 짐작할 수 없었다.

학생   저는 진짜로 저를 괴롭히는 애들이 있는 거잖아요? 선생님이 보기에 그 애들이 저를 안 괴롭히는데 제가 피해망상에 걸린 것으로 보이시나요?

교장은 학생이 이 이야기를 자신의 사례에 적용하고 있다는 것을 그제야 인지하고는 자책했다.

교장   아니. 그 아이들이 네 앞에서 수군대고 너의 엄마에 대해 욕했다는 것은 완전한 사실이야. 그 점에 대해 조금도 의심하지 않아.

학생은 여전히 냉랭한 표정이었다. 교장은 다시 이야기를 시작하려다가 문득 오늘 자신이 말을 너무 많이 한 것 같다는 생각이 들었다. 교장은 가방을 집어 들고 일어서며 오늘의 대화를 마치자는 뜻을 내비쳤다. 그런데 예상외로 학생은 전혀 일어날 의사가 없어 보였다.

학생   제게 더 해주실 이야기가 있으면 하세요.

교장은 학생이 대화를 더 하길 원하는 것인지, 아니면 교장에게 할 말이 있는 것인지 궁금해졌다.

교장   혹시 나에게 하고 싶은 질문이 있니?

학생은 무엇인가 질문을 하려는 듯 머뭇거리다가 고개를 가로저었다.

타인 때문에 상처를 받았다고 자주 고통을 호소하는 사람들이 있다.
그들은 결코 거짓말을 하는 것이 아니며 정말 힘든 것이다.
그들은 고통을 주는 대상으로
친구, 직장 동료, 상급자 등 '사람'을 지목한다.
그러나 우리가 기억해야 할 것은
어떤 사람은 상대가 자신에게 상처를 줄 의도가 확실한데도
아무렇지 않아 한다는 점이다.
이 둘의 근본적인 차이는 상처를 받는 자아와
상처를 받지 않는 탄탄한 자아의 존재에 있다.

"당신은 타인에게 상처를 더 받는 사람인가,
덜 받는 사람인가?"

"당신은 타인에게 받은 상처를 드러내지 못한다."

"타인에게 상처를 받았다고 하소연하는
당신의 말은 진짜다."

2

타인으로부터 상처를 만드는 당신이 있다

학생 　선생님, 상처를 더 받는 사람이 있다고 하셨죠?

　　교장실에 들어오자마자 학생은 교장에게 들입다 질문을 했다.
학생에게 줄 음료를 준비하던 교장은 학생을 돌아보고는 서둘러
잔에 물을 부었다. 그러나 학생은 교장의 대답을 기다리지 못하
고 또다시 질문을 던졌다.

학생 　그럼, 제가 상처를 더 받는 사람인지 아닌지 어떻게 알아
　　　요?

　　교장은 코코아 한 잔을 학생 앞에 내밀었다. 하지만 학생은 교

장이 권하는 음료에는 전혀 관심을 두지 않고 단지 교장의 입만 응시했다.

교장   어떻게 알 수 있을까? 일상에서 일어나는 다양한 관계 속에서 한 사람이 상처를 많이 받는 사람인지, 아니면 상처를 좀 덜 받는 사람인지를 어떻게 알 수 있을까?

학생   표정이요?

교장은 학생의 대답을 듣고는 고개만 갸웃할 뿐 별다른 말을 하지 않았다.

학생   아니면 소리를 지르거나, 화를 낼 수도 있고요.

교장   그럴 수도 있겠지. 하지만 네가 다른 사람들에게 너의 상처에 관해 표현하지 않는다고 해서 네가 상처를 덜 받는 사람이라고 할 수는 없을 거야. 또 네 주위 사람들은 네가 상처를 표현하기 전까지는 네가 상처를 더 받는 사람인지 아닌지 쉽게 판단하기도 어려울 거야. 상처를 쉽게 드러내고 분노를 표현하는 사람도 있지만, 상대에게 상처받았다는 것을 드러내지 않고 숨기며 아무렇지 않은 듯 행동하는 사람도 있어.

학생   그렇네요.

교장   왜 그러는 거지?

교장의 질문에 학생은 이해하지 못했다는 표정으로 얼굴을 찡그렸다. 교장은 잠시 생각한 후에 다시 부연 설명을 했다.

교장   그러니까 내 얘기는 너는 왜 너의 상처에 대해 아무렇지
      않은 듯 다른 사람에게 숨기는지를 묻는 거야.

학생이 한참 뜸을 들이다가 대답했다.

학생   내가 상처받은 것을 다른 사람이 눈치채는 게 싫어서 그
      러는 거죠.
교장   왜 다른 사람이 아는 게 싫어?
학생   다른 사람이 저를 이상하게 생각할 수도 있잖아요?
교장   속이 좁다거나, 아량이 없다고 생각할까 봐 그러는 걸까?
학생   꼭 그런 것은 아니지만, 아주 아니라고 할 수는 없는 것
      같아요.
교장   중요한 것은 겉으로 드러내든 아니든 상관없이, 사람들은
      남들이 사소한 일이라고 여기는 것들에서 상처를 받고 괴
      로워할 수 있다는 거야.
학생   그럼 겉으로 표현하기 전에는 그 사람이 상처를 받았는지
      아닌지 알 수가 없는 걸까요?
교장   아무래도 말로 하든, 몸으로 반응하든 겉으로 표현하기
      전에는 알 수 없겠지. 이런 관점에서 보면 그 누구도 다른
      사람이 자신 때문에 상처받은 일은 없다고 단정할 수 없
      겠지.
학생   근데 선생님이 분명히 말씀하시지 않았나요? 상처를 더

받는 사람과 받지 않는 사람이 있다고요.

교장   그래. 내 경험에 의하면 똑같은 일에 대해서도 상처를 더 심하게 받는 사람이 있고, 거의 받지 않는 사람이 있는 것은 분명한 사실이야.

학생   아이들은 본래 상처를 더 많이 받는 정신 구조로 되어 있는 것 같아요.

학생의 뜬금없는 주장에 교장이 놀라서 눈을 크게 떴다.

교장   정신 구조? 왜 그렇게 생각하지?

학생   어른들은 상처를 잘 안 받잖아요?

교장   그렇게 생각하니?

학생   하긴 어른도 어른 나름이겠네요. 근데 선생님들도 상처를 더 받는 사람이 있다고 생각하세요?

교장   그렇다고 생각해.

학생   언제요?

교장   그게 무슨 뜻이니?

학생   그냥 짐작인지, 아니면 우리처럼 힘들 때가 있는지 궁금해서요.

예상치 못한 질문을 받은 교장은 한동안 생각에 잠겼다가 학생을 향해 빙긋이 웃어 보였다.

교장   교장으로 발령을 받아 교육청에 발령장을 받으러 간 적이 있어. 그런데 서로 안면은 있지만 잘 알지는 못하는 교육청 국장님이 나에게 뜬금없이 어떤 선생님의 이름을 언급하며 말을 걸어왔어. 내가 발령받은 학교에 그 선생님이 근무하고 있다며 특별히 잘 부탁드린다고 말이야. 나는 '선생님을 교장한테 부탁할 게 있나?' 하고 생각했지. 그런데 국장님은 그 교사가 정말 안타깝고 측은한 선생님이라며 설명을 하기 시작했어. 이전에 근무하던 학교의 교장 선생님이 그 선생님을 어찌나 괴롭혔는지 선생님이 너무 고통을 받다가 이번에 새로운 학교로 발령받아 간 거라고 했어. 그러니 내가 특별히 관심을 주고 잘 대해 주길 바란다고 당부하셨지.

학생   어떻게 괴롭힌 걸까요?

교장   글쎄?

학생   그래서 잘 대해 주셨어요?

교장   물론 잘 대해 줘야겠다고 생각했지. 국장님의 말을 듣고 그 선생님이 힘들었을 것을 생각하니 공감이 되었거든. 심지어 이전에 그 선생님과 함께 근무하셨던 교장 선생님이 어떻게 그 교사에게 그럴 수 있는지, 교사를 괴롭혀 온 교장의 인격이 의심스럽기까지 했지.

학생   갑질을 하는 교장 선생님이었나 보죠.

교장   갑질?

학생   요즘 많이 쓰는 단어잖아요?

교장   그렇지. 요즘 굉장히 많이 거론되는 단어지. 그런데 이러한 상황은 여기서 끝이 아니었어. 발령받은 학교에 출근

하고, 인근 학교 지인들로부터 인사 발령에 대한 축하 전화를 많이 받았어. 그런데 그 사람 중 상당수가 그 선생님을 언급하며 국장님이 내게 했던 이야기와 똑같은 내용의 말을 전했어.

학생 생각을 해보니 갑질보다는 괴롭힘이라는 말이 맞는 것 같아요.

교장 괴롭힘? 음, 없다고 단정할 수는 없겠지. 그런데 유감스럽게도 나 역시 그 교사와 잘 지내기가 쉽지 않았어. 너무 사소한, 내가 전혀 기억하지 못하는 말이나 행동들 때문에 자신이 고통받고 있다고 호소했거든.

학생 교장 선생님이 잘 대해 주셨는데도요?

교장 잘 대해 주고 말고 할 것도 없이, 그냥 아무 생각이 없었다고 말하는 게 맞을 것 같아.

교장이 피식 웃었지만, 학생은 눈을 크게 뜨고 교장을 응시할 뿐이었다. 교장은 학생이 이 이야기를 흥미진진하게 듣고 있다고 생각했다.

교장 나는 그 교사가 피해망상에 걸린 것이 아닌지 생각하게 되었고, 대응하지 않으면 괜찮아질 것이라고 기다려 보았지. 하지만 시간이 지날수록 그 교사의 상태는 더 심해졌어. 그래서 어느 순간에는 내가 이 선생님에게 매일 모함을 당하고 있다는 생각이 들 정도였지. 왜냐면 그 선생님이 내가 전혀 알지도 못하는 일에 관해 이야기하고, 그것

을 근거로 나의 인격을 공격하는 말을 수시로 했기 때문
이야.

　교장은 하던 말을 멈추었다. 교사에 대해 학생에게 이렇게 이
야기를 해도 되는지 고민이 되었기 때문이다. 그냥 이 이야기를
여기서 덮을까 하던 교장은 너무 깊이 빠져서 듣고 있는 학생의
모습 때문에 망설이고 있었다.

학생　그래서 어떻게 하셨어요?

　교장은 그냥 사실을 담백하게 사례로 이야기해 주는 것도 나쁘
지 않겠다고 생각했다.

교장　나는 정확히 한 달 만에 그 교사와 함께 근무했던 이전 교
　　　장 선생님께 상담을 요청하게 되었어. 내가 전화를 걸자,
　　　그 교장 선생님은 대뜸 그 교사의 이름을 언급하며 '그분
　　　때문에 전화하신 거죠?'라고 질문을 하셨어. 내가 말하지
　　　않았는데도 전화를 건 이유를 단번에 맞추는 것에 나는
　　　안도했지. 그 교사는 그 학교에 근무할 때도 수시로 교장
　　　실로 찾아왔다고 했어. 그리고 너무 사소해서 다른 사람
　　　은 기억할 수도 없는 일로 속상해하고, 원망하며, 소리를
　　　쳤다는 이야기를 전해 들었어. 견디기 힘들었던 그 교장
　　　선생님은 교장실에 CCTV라도 달아야 하는 것은 아닌지
　　　생각한 적도 있었다고 고백하셨어.

이 이야기를 다 들은 학생이 피식 웃었다.

학생   그렇다면 왜 많은 사람이 그 선생님에 관해 측은하다며
              교장 선생님이 잘 대해 주시기를 부탁한 거죠?

교장   그 선생님은 자신이 상처를 받을 때마다 주변 사람에게
              하소연하고 교육청에 고발도 했던 거지.

학생   안심이 되셨겠네요?

교장   뭐가?

학생   이전에 함께 근무하셨던 교장 선생님의 말씀을 듣고 그
              선생님이 교장 선생님에게만 그러는 것은 아니구나 하고
              안심하셨을 거 같아서요.

학생의 말을 들은 교장은 자신의 마음을 꿰뚫어 본 학생에게
좀 부끄러움을 느꼈다.

학생   그렇게 사소한 일에 관해 모함하면서 항상 따지는 사람이
              선생님을 할 수 있는 건가요?

학생의 질문을 듣고 교장은 학생에게 교사에 대해 부정적인 인
식을 심어 준 것은 아닌지 걱정이 되었다. 좀 고민이 되었지만 그
래도 솔직하게 모든 것을 이야기할 필요가 있었다고 자신을 위로
했다.

교장   중요한 것은 나에게는 사소한 일이지만, 그 선생님에게는

엄청나게 상처가 되는 일이었을 것이라는 거야. 그 선생님이 수시로 나를 포함한 많은 사람에게 상처를 받고 고통스러웠다는 것을 결코 의심해서는 안 된다고 생각해. 내가 하고 싶은 말은 그 선생님이 다른 사람에 비해 타인에게 상처를 느끼는 강도가 매우 심했을 거라는 점을 인정해야 한다는 거지.

학생   아무리 그래도 그 선생님은 어른인데, 정신적으로 문제가 있는 특이한 경우 아닌가요?

교장   글쎄, 그 선생님의 사례에서 보듯이 상처를 더 많이 받는 것이 아이들에게만 해당하는 것은 아니야. 오히려 아이들보다 성인이 상처를 더 심하게 받는 경우가 많다고 생각해. 어떤 어른은 습관처럼 매번 상처를 받아 주위 사람을 힘들게 하거든. 상처를 더 받고 덜 받는 정도는 남녀노소, 학벌, 직업과는 상관없는 문제라고 생각해. 내가 지난번에 상처를 받아서 학교를 못 다니겠다고 호소하는 학생들에 관해 이야기했지? 그런데 그건 정말 미약한 사례에 불과해. 나는 업무상 지금까지 많은 학생과 교사, 학부모 등을 만나는 일로 상당 시간을 보냈어. 그 과정에서 나는 학교 안에서만 하더라도 어른인 교사, 교감, 교장이 오히려 학생보다 더 상처를 많이 받는 경우를 수없이 보았어. 특히 교사가 학생이나 동료 교사에게 상처를 받고 교장인 나에게 와서 하소연하는 일은 너무 자주 발생하지. 물론 상처를 받을 수 있다고 공감이 되는 상황도 있었어. 하지만 한편으로는 이 정도의 일로 상처를 받는 것이 가능한 일인가 하는 생각이 들어서 상대의 상처에 공감하기 어려운 적도 있었어.

학생   선생님들도 사람인데 상처를 받는 건 당연한 거 같아요.

교장   그래. 사람은 누구나 상처를 받을 수 있지. 그렇지만 내가 하고 싶은 이야기는 사람마다 상처를 받는 강도가 다르다는 거야. 놀랍게도 어떤 선생님은 학생에게 민망할 정도의 욕설을 들었음에도 상처를 받지 않고 아이와 끝까지 대화하려고 노력했어. 심지어 학교 측에서 그 아이를 학생징계위원회에 넘겨야 한다고 했는데도 그 선생님은 오히려 학생을 용서해 달라고 간곡히 요청했지. 반면 어떤 선생님은 수업 시간에 아이가 교사가 원치 않는 말대답을 했다거나, 교사를 보는 학생의 시선이 불쾌하다는 이유로 학교 교권위원회에 학생의 징계를 요청하는 일도 있었어. 그 선생님은 자신이 학생들 앞에서 망신을 당했다고 생각하고 오랜 시간 스트레스를 받으며 괴로워했어.

학생   같은 상황에서도 어떤 선생님은 잘 견디고, 어떤 선생님은 견디지 못한다는 거네요?

교장   그래. 그건 틀림없는 사실이야. 그렇지만 나는 견디는 사람과 못 견디는 사람으로 생각하기보다는 웬만한 일에 상처를 안 받는 사람들이 있다고 생각해. 우리가 일상에서 만나는 많은 사람이 상처와 스트레스를 전혀 받지 않고 사는 것은 불가능하겠지. 그렇지만 한 가지 분명한 것은 똑같은 상황에서도 상처를 더 받는 사람과 덜 받는 사람이 있다는 거야. 결국 상처는 타인이 나에게 주는 것이지만 알고 보면 내가 상처를 받는 것이라는 생각이 들어.

학생은 한동안 우울한 표정으로 말없이 앉아 있었다. 교장은 학생이 또 자신의 상황과 결부시켜 상처를 받은 것은 아닌지 걱정이 되었다. 그러나 그건 기우였다. 놀랍게도 학생이 교장의 말에 수긍하며 자신이 알고 있는 사례에 관해 이야기하기 시작했다. 교장은 이러한 모습이 학생을 만난 이후 처음 보는 모습이어서 좀 신기했다.

학생   다른 사람 때문에 스트레스를 받고 있다고 주장하는 애들을 많이 봤어요. 지금 선생님 말씀을 듣고 생각난 애가 있는데요. 저에게 어떤 애가 친구 때문에 상처를 받았다고 하소연을 한 적이 있어요. 근데 그 이후에 또 다른 친구 때문에 상처를 받았다고 이야기를 하고, 그 후에 또 새로운 다른 일로 상처를 받고 저에게 하소연했거든요.

교장   그래. 그 아이는 다른 사람보다 상처를 더 받을 가능성이 크다고 생각해. 스트레스를 받고 있다고 주장하는 사람은 일상생활에서 스트레스를 주는 대상만 바뀔 뿐이라는 생각도 들거든.

학생이 잠시 머뭇거리더니 겸연쩍게 웃었다. 교장은 그 이유를 궁금해했고 학생이 용기를 내서 말했다.

학생   저는 상처를 받는 사람과 안 받는 사람은 어떤 차이가 있

는 건지, 그게 궁금해요. 그런데 선생님은 계속 상처는 본
인이 받는 것이라는 요지의 말씀만 하시네요?

교장은 학생의 말에 크게 웃었고 학생은 어리둥절한 표정을 지
었다.

교장   그래, 눈치챘구나? 내가 말하고 싶은 것은 상처는 누가 주
는 것이 아니라 본인이 받는 것이라는 거야. 그리고 너의
질문에 대한 답을 구하기 위해서는 좀 더 시간이 필요할
것 같아. 다음 시간에 다시 만나 이야기해 보자.

학생은 흔쾌히 동의했다. 학생이 집으로 가기 위해 문을 향해
나가는데 갑자기 교장이 학생을 불러 세웠다.

교장   다음에 만날 때 '상처'가 사전적으로 어떤 뜻을 가졌는지
찾아서 내게 알려주겠니?

학생은 '뭐지?' 하는 표정을 지으며 서 있었다.

교장   상처라는 단어의 의미를 찾아오라는 과제를 주는 거야.

학생은 거절하지 않고 고개를 끄덕이며 걸어 나갔다.

상처를 쉽게 드러내고 분노를 표현하는 사람들이 있다.

하지만 반대로 상대에게 상처받았다는 것을 드러내지 않고

아무렇지 않은 듯 행동하는 사람들도 있다.

따라서 상대가 상처를 잘 받는 사람인지 아닌지를

구분하는 것은 쉬운 일이 아니다.

"나에게 상처를 준 상대는 누구인가?"

"내가 상처를 받은 상대의 말이나 행동은 무엇인가?"

"상처를 받은 후에 나에게 나타난 증상은 무엇인가?"

3

타인에 대한 당신의 해석이 고통을 부른다

학생은 만나기로 약속한 시간보다 조금 일찍 교장실에 나타났다. 교장이 마실 것을 준비하기 위해 일어나자, 학생은 기다렸다는 듯 움직이며 말했다.

학생   제가 할게요.

교장은 학생이 오늘 기분이 조금 괜찮아 보인다고 생각하며 장난기 어린 코맹맹이 목소리로 동의하는 답변을 했다. 그러나 마실 것을 앞에 놓고 앉은 학생의 표정은 의외로 그리 밝지 않았다.

교장   오늘 기분은 어때?

학생   죽고 싶어요.

교장은 학생의 대답에 당황했고, 그 이유를 물으려다 마음을
바꿨다. 학생의 입에서 몰라서 묻냐는 말이 튀어나올 것 같았기
때문이다.

교장   가방을 메고 왔네?

교장은 학생이 가방을 들고 온 모습이 처음이라고 생각했다.
교장의 질문에 학생은 대답하지 않고, 배낭처럼 생긴 가방에서
종이 한 장을 꺼내 들었다.

학생   상처에는 네 가지 뜻이 있었어요. 상처란 상대의 말이나
        행동으로 인해 내가 마음을 다치는 것 또는 심리적 아픔
        을 받은 자취. 다른 사람의 언행으로 인해 정신적 심리적
        으로 아픔과 괴로움을 겪는 것. 마음이나 체면, 명예에 손
        상을 입는 것이라고 되어 있어요.

학생이 종이에 적힌 내용을 읽는 동안 교장은 핸드폰에서 메모
를 열어 무엇인가를 급히 기록했다.

교장   그 내용은 어디서 찾은 거지?
학생   인터넷 사전을 검색해서 찾았어요.
교장   좋아. 네가 말한 상처의 사전적 정의에서 유추해 보면, 상

처는 반드시 다른 사람과의 관계에서 발생한다는 것을 알 수 있어. 또 상처를 입는 원인이 상대의 말과 행동에서 기인한다는 것도 알 수 있지. 그리고 상처의 결과로 심리적 아픔, 괴로움, 마음이나 체면·명예의 손상이 나타나는 것으로 해석할 수 있겠네?

학생 금방 정리하셨네요?

교장 틀린 건가?

학생 그렇지는 않아요.

교장 사람들의 상처는 어디에서 오는 것일까?

학생 저도 상처의 뜻을 검색하다가 상처를 잘 받는 사람들에 관해 검색해 봤어요. 선생님이 그렇게 말씀하셨잖아요. 상처를 더 받는 사람이 있다고요.

교장 그래.

학생은 다시 가방 속에서 무엇인가가 인쇄된 종이 한 장을 더 꺼내 들었다.

학생 어떤 사람이 상처를 더 받는지는 찾기 어려웠어요. 대신 상처를 잘 받는 사람들의 특징이 나와 있더라고요. 읽어 볼까요?

교장 그래.

학생 감수성이 부정적으로 작용한다. 남들의 평가에 지나치게 신경 쓴다. 경쟁심이 과도하다. 모든 일을 악으로 받아들인다. 지나치게 배려한다. 부정적 감정을 확대시킨다. 깊은 교류를 하지 않는다. 무시하거나 질투한다.

교장   상당히 일리가 있는 내용이네.

학생   상처가 본인 탓이라는 건데요. 사실 상처는 상대방의 말
       이나 행동 때문인 거잖아요?

교장   그건 그렇지. 그런데 너는 지금 상처를 많이 받는 사람이
       왜 그런 건지 궁금하다는 거잖아?

학생   아니요. 상처를 안 받는 사람은 어떻게 그럴 수 있는지 궁
       금한 거예요.

'상처를 많이 받는 사람이 왜 그런지'와 '상처를 안 받는 사람이
왜 그런지'에 대한 답은 비슷할 텐데, 교장은 학생이 굳이 두 문
장의 뜻을 구분하려 한다는 생각이 들었다. 하지만 그 부분에 대
해서 지적하지는 않았다. 단지 학생 앞에 있는 탁자 위에 A4 크
기의 종이 한 장과 볼펜 한 자루를 올려놓았다. 학생은 그것을 보
고도 어떤 의사 표현도 하지 않았다. 다만 탁자 위에 놓인 종이를
물끄러미 바라보았다.

교장   우리도 이야기만 하지 말고 활동을 해볼까?

학생은 어떤 대답도 하지 않았지만, 약간의 기대가 있는 듯 눈
빛이 빛났다.

교장   지금부터 네가 겪은 일 중에서 가장 크게 상처받은 기억
       을 떠올려 봐.

교장은 학생이 기억을 떠올리기까지 시간을 주고 기다렸다. 그런데 학생과 눈이 마주친 순간 당황스러웠다. 학생이 화를 참지 못하는 표정으로 앉아 있었기 때문이다. 교장은 학생이 무엇 때문에 그러는지 잠시 생각해 봤지만, 도저히 알 수 없어 학생에게 그 이유를 물었다. 그러나 학생은 아무 말도 없이 교장을 노려볼 뿐이었다. 교장은 이 민망한 상황을 피하고 싶어 겸연쩍게 웃었다.

한동안 그런 상황이 지속되던 중, 교장의 머릿속에 어떤 생각이 번뜩 스쳤다. 학생이 겪은 일 중에 가장 상처받은 기억은 이번 일일 것이라는 생각이었다. 이미 알고 있으면서 다시 묻는 것으로 생각해서 학생의 심기가 불편해진 것 같았다. 교장은 분위기를 전환해야 할 필요성을 느꼈다.

교장   그럼, 그 종이 위에 내가 묻는 것에 관한 너의 생각을 적어 봐. 시작할게.

교장이 시작을 알리는데도 학생은 미동도 하지 않고 시선을 교장의 눈에 또렷이 맞추고 있었다. 교장은 이 상황을 짐짓 모르는 척하며 첫 번째 질문을 했다.

교장   1번 질문이야. 나에게 상처를 준 상대는 누구인가?

학생은 교장의 질문에 답을 쓸 생각이 전혀 없어 보였다.

교장 쓰기 싫으니?

학생 이번에 제가 겪은 일을 적어야 하는 건가요?

교장 아니야. 네가 다른 사람과의 관계에서 겪은 어떤 일이든 기억나는 것을 적으면 돼.

학생 왜 적어야 하죠?

교장 사례를 중심으로 상처를 왜 받은 것인지 알아보기 위해 분석하고 싶은 거야. 그러니까 너무 신경 쓰지 말고 그냥 생각나는 대로 막 적어도 돼.

학생 저의 문제가 이 종이에 써서 상처를 받고 안 받고 하며 분석하면 해결될 일인가요? 제가 스스로 생각을 바꾸면 된다고, 그렇게 몰아가고 싶으신 모양인데요. 제가 바뀐다고 해서 그리고 상처를 안 받는다고 해서 현실에서 해결되는 게 뭔가요? 그 애들이 저한테 아무 이유도 없이 계속 저를 비난하는데 제가 상처를 안 받으면 그만인 건가요?

학생은 다시 화가 잔뜩 난 목소리로 짜증스럽게 말했다. 어찌나 빠른 속도로 말을 하는지 학생의 불편한 심리 상태가 교장에게도 고스란히 전해졌다.

교장 그럴 생각은 없어. 다만 너와 나는 스무 번을 만나기로 했고, 지금이 겨우 네 번째 만남이라는 사실을 알아줬으면 좋겠어. 내가 너의 문제를 해결하지 못한다면 너의 뜻대로 해도 좋다는 조건이었잖아. 하지만 너 역시 나와의 만남에서 네가 겪은 문제를 해결하고 싶어 한다는 것을 잘 알고 있어.

교장의 말을 듣던 학생의 눈과 콧등이 빨개졌다. 학생은 티슈 상자에서 휴지를 뽑아 몸을 뒤로 돌린 자세로 코를 풀었다.

학생 저는 이 일이 생긴 후에 지금 무서워서 학교도 못 가고 있어요. 그런데 선생님을 벌써 네 번째 만나고 있지만 실제로 달라진 것은 아무것도 없어요.

교장은 학생의 마음을 이해할 수 있었기에 마음이 아팠다. 그래서 학생이 겪은 일에 대해 자신이 느끼는 감정을 솔직하게 드러내고 싶었다. 게다가 한편으로는 상담을 종료한 후에도 학생이 결국 죽음을 택할지도 모른다는 불안감도 몰려왔다. 그러나 이러한 감정들은 최대한 내색하지 않아야 한다고 생각했다.

교장 약속한 만남은 아직 많이 남았는걸?

교장은 학생에게 '서두르지 말자.'라는 말을 덧붙일까 하다가 이내 마음을 접었다. 그리고 눈을 아래로 깔고 있는 학생의 앞에 놓인 종이와 볼펜을 자신의 앞으로 당겨 조용히 거두어들였다.

교장 네가 쓰는 것이 힘들다면 그냥 마음속으로 떠올려 봐. 그건 할 수 있겠지? 1번, 나에게 상처를 준 상대는 누구인가? 2번, 내가 상처를 받은 상대의 말이나 행동은 무엇인가? 3번,

상처를 받은 후에 나에게 나타난 증상은 무엇인가?

교장이 세 가지 질문을 하나씩 던지며 시간을 주었다. 하지만 학생은 무표정으로 눈을 감고 가만히 앉아 있었다. 교장은 학생이 질문을 듣고는 있는 것인지 의문이 들었다. 한참 만에 교장이 기다리지 못하고 말문을 열었다.

교장　생각해 보고 있는 거지?

학생이 고개를 가로저었다.

교장　사람들은 각자 너무 많은 일에 상처를 받는 것 같아. 자신의 말에 귀 기울이지 않는 가족에게 상처를 받기도 하고, 남들 앞에서 자신을 망신시키는 지인에게 상처를 받기도 하지. 또 자신이 아닌 남의 편을 드는 가까운 지인의 말에 상처받기도 하고, 나를 무시하는 태도로 말하는 지인에게 상처받기도 해. 그리고 친구들이 어떤 주제에 관해 이야기하다가 자신이 나타나자, 갑자기 말을 멈출 때도 상처를 받을 수 있지. 심지어 직장에서는 동료나 상급자가 자신의 앞에서 다른 동료를 칭찬할 때 상처를 받기도 해.

말을 하던 교장이 피식 웃었다.

교장　너 남자친구 있니?

교장의 뜬금없는 질문에 학생은 표정 없는 얼굴로 고개를 가로 저을 뿐 대답은 하지 않았다.

교장 네가 좋아하는 사람이 네가 아닌 다른 사람을 사랑한다는 것을 알았을 때 상처를 받을 수도 있지. 또 어느 날 SNS에서 친한 친구가 너에 대한 비판의 댓글을 남긴 것을 보았을 때도 심한 상처를 받을 수 있어. 그리고 친구들이 너만 빼고 모임을 했다는 것을 알았을 때도 상처를 받을 수 있지.

교장의 말에 학생이 갑자기 툭 뒤늦은 대답을 했다.

학생 저는 남자친구 없어요.

교장은 학생이 자신의 말을 듣고 싶어 하지 않는다는 것을 알았다. 그렇지만 어색한 분위기를 바꾸기 위해 학생에게 찡긋 웃어 보였다. 하지만 역시 학생은 아무런 반응을 보이지 않았다.

교장 정말이지, 사람들이 상처를 받는 상황에는 수십만, 수백만 가지의 다양한 사례가 존재해. 또 상처를 주는 상대도 가족, 친구, 동료, 상급자, 때로는 잘 모르는 사람까지 엄청나게 다양해. 게다가 상처가 된 말이나 행동에는 무시, 따돌림, 망신, 편들기 등 더 많은 사례가 존재할 거야. 상대가 누구든 어떠한 내용이든, 정도의 차이는 있겠지만, 사람들은 자신이 받은 상처 때문에 마음의 고통을 느끼게 되지. 그러면 힘들게 참으려고 하거나, 울거나, 화를 내거나, 아예 말을 하지 않거나, 잠을 이루지 못하거나, 심하면 병이 나는 등 수많은 증상을 경험하게 돼.

교장은 이쯤에서 학생에게 한 가지 질문을 해야겠다는 생각으로 그녀의 얼굴을 쳐다보았다. 조금 전까지 상당히 무심하지만 까칠한 얼굴로 앉아 있던 학생은 다소 편안한 모습으로 바뀌어 있었다. 교장은 약간 고무되어 다시 말을 이어 갔다.

교장   나는 네가 겪은 고통과 관련해서 한 가지 질문을 하려고
       해. 이 질문은 네가 상처받은 상황에 관한 가장 핵심적인
       질문이라고 할 수 있을 것 같아.

교장이 핵심 질문을 하겠다고 말하는 부분에서 학생은 흥미가 생긴 듯 눈빛이 빛났다.

교장   내 질문은 '네가 상처받은 근본적 이유가 무엇인가.'야.
학생   그냥 이유와 근본적 이유가 따로 있는 건가요? 이건 말장
       난하는 것도 아니고······.
교장   상처를 받은 진짜 이유를 말하는 거야.
학생   저는 거짓말을 한 게 아니에요.
교장   아니, 절대로 네가 거짓말했다는 그런 뜻이 아니야.

교장은 잠시 고민하다가 질문을 수정했다.

교장   좋아. 그렇다면 '진짜 이유'라는 말을 '본질', '근원적 이유'
      로 바꿀게.

  학생은 한동안 답을 하지 않고 곰곰이 생각하는 듯했다. 교장
은 학생이 말을 할 때까지 기다렸고, 그 시간이 꽤 길다고 느낄
무렵 학생이 다시 반응했다.

학생   이 세상이 공평하지 않아서인지, 아니면 그 애들이 아무
      죄가 없는 저를 무시해서 상처를 받은 것인지 판단을 내
      리기 힘들어요. 그런데 이건 이미 제가 선생님께 말씀드
      린 거잖아요?
교장   그래. 이미 들었지. 그런데 상처받은 근본적 이유에 대해
      깊이, 그리고 곰곰이 생각해 보면 단순히 상대의 말과 행
      동 때문에 상처받은 것이 아니라는 걸 발견할 수 있어. 사
      람이 상처를 받는 이유는 상대가 겉으로 내뱉는 말과 행
      동 그 자체 때문이 아닐 수도 있어. 자신이 그 말과 행동
      속에 숨어 있는 상대의 마음을 해석하는 것으로 인해 상
      처를 받기도 하거든.
학생   누군가의 말에 상처를 받는 이유가 단순히 그 말의 내용
      때문이 아니고, 그 말속에 숨어 있는 의미를 제가 해석하
      는 데서 상처를 받는다는 말이잖아요? 그건 말이 안 되는
      게 저는 그 애들의 욕설과 비아냥을 해석하고 말 것도 없
      이 듣는 순간 너무 상처를 받았어요. 그건 어떻게 설명할
      수 있는 거죠?

교장 사람이 상대의 말이나 행동에 상처를 받는 데는 어느 정도의 시간이 소요될까?

학생 글쎄요?

교장 어떤 일이 발생하고 상처를 받기까지 걸리는 시간은 측정하기 어려울 정도로 짧은 것 같아. 두뇌의 반응 속도가 그 정도로 빠른 거지. 사람이 상대의 말이나 행동에 상처를 받는 시점은 상대의 말을 듣는 즉시, 그리고 상대가 어떠한 행동을 보인 즉시 일어나잖아? 사람의 두뇌가 상대의 말과 행동을 해석하는 데는 그렇게 오랜 시간이 걸리지 않고 순간적으로 이루어지기 때문이야. 따라서 사람은 상대의 말이나 행동에 대해 자신이 해석한 것이 맞는지를 상대에게 질문한 후에 상처를 받는 경우는 매우 드물어. 오히려 일단 상처를 받고 나서 오랜 시간 곱씹으며 상대의 말이나 행동을 분석하는 경우가 많지. 그러니 내가 분명히 상처는 받았지만, 상대의 마음을 정확히 알고 상처를 받았는지는 알 수 없는 일이지.

인간이 타인에게 상처를 받는 이유는
단순히 상대의 말과 행동 그 자체 때문이 아니다.
상대의 말과 행동 속에 숨어 있는 상대의 마음을
내가 해석하는 것으로 인해 상처를 받게 된다.

"타인에게 상처를 받은 당신의 두 가지 해석이 있다."

"상처를 받는 사람과 안 받는 사람은 차이가 있다."

4

당신의 자존감을 무너뜨리는 두 가지 해석

학생 사람들이 상대의 말을 어떻게 해석할 때 상처를 받는 건가요?

교장 사람들이 다른 사람의 말이나 행동 그 자체에 상처를 받는 건 아닌 것 같다고 했지. 같은 내용도 오히려 자신이 모르는 사람에게 들었을 때는 그렇게까지 심하게 상처를 받지 않는 경우가 많으니까.

학생 그런 것 같아요.

교장 왜 그렇게 생각하지?

학생 친했던 친구들이 아닌 제가 모르는 애들이 저에게 같은 얘기를 할 때도 있었지만, 그때는 그렇게까지 상처를 받지 않았거든요.

교장   나는 우리, 아니 내가 상처를 받는 근본적 이유가 무엇인
지에 대해 정말 깊이 생각해 봤어.

학생   그건 상황마다 달라서 한 가지로 말할 수 없는 거 아닌가
요?

교장   내가 내린 결론은 나를 사랑하지 않는 상대의 마음을 알
게 되었기 때문이라는 거야.

학생   사랑하지 않는 마음?

교장   여기서 사랑하지 않는 마음이란 좋아하지 않는 마음, 미
워하는 마음, 싫어하는 마음을 포함하는 말이라고 할 수
있어.

학생   선생님은 결론적으로 우리가 상처받는 이유가 상대가 나
를 사랑하지 않는다고 해석하는 것에서 비롯된다는 건가
요?

교장은 잠시 생각에 잠겼다가 다시 이야기를 시작했다.

교장   매일 수업 시간에 잠을 자던 고등학교 1학년 여학생이 있
었는데, 결국 학교에 다니기 싫다는 이유로 자퇴를 요구
했었지. 그 아이와 상담을 하기 위해 처음 만난 날, 나는
일단 상담을 진행하지 않았어. 단지 다음 상담 시간을 정
하며, 지금까지 살면서 가장 상처받은 일에 관해 다음 상
담 때 나에게 설명해 주기를 바란다는 과제를 주었지. 이
후 약속 시간에 그 아이를 만났을 때, 아이는 자신이 지금
까지 살면서 가장 상처받은 일로 초등학교 때 기억을 떠

올려 말했어. '초등학교.때의 일이었어요. 저는 엄마를 위해 집안일을 잘 돕는 아이였어요. 왜냐면 제가 4남매 중 맏이였고, 엄마가 조그만 상점을 운영하시느라 바쁘셨기 때문이에요. 그래서 학교를 마치고 집에 가면 매일 밥을 준비하고 설거지와 청소를 도맡아 했어요. 물론 엄마, 아빠의 저녁 식사도 거의 제가 차려드리는 일이 많았죠. 엄마한테 칭찬받기 위해 한 일은 결코 아니었어요. 어떻게 보면 밥을 내가 차려 먹지 않으면 밥이 없는 상황이어서 자연스럽게 제가 하게 된 것도 있어요.'라고 말이야. 나는 아이가 말을 멈추고 너무 슬픈 표정을 하고 있었기 때문에 그 아이에게 물었어. '엄마를 대신해서 집안일을 돌본 것이 너무 힘들었던 거니?'라고. 그런데 아이는 전혀 그렇지 않았다는 거야. 집안일은 더 많이 해도 아무렇지 않았대. 그런데 아이는 뜬금없이 '엄마는 평소 제가 집안일을 하는 것에 대해 단 한 번도 칭찬하시는 일이 없었어요.'라고 말을 하는 거야. 이 말을 들은 나는 아이가 엄마한테 칭찬을 받고 싶었는데, 엄마가 칭찬에 인색하신 것이 문제라고 생각했어. 그런데 아이는 의외의 말을 했어. 칭찬을 안 하시는 엄마에 대해 서운하다고 생각해 본 일도 전혀 없었고, 본인이 칭찬받으려고 한 일도 전혀 아니라는 거야. 나는 그 아이가 도대체 왜 상처를 받았는지 알 수 없었지. 그래서 아이에게 구체적으로 왜 엄마에게 상처를 받았는지 물었어.

학생 뭐였어요?

교장 　그 아이에게는 바로 아래 여동생이 있는데, 평소 설거지를 하지 않던 동생이 어느 날 설거지를 했대. 그런데 그 모습을 본 엄마가 동네 아주머니들 앞에서 동생의 머리를 쓰다듬으면서 '우리 둘째가 설거지를 다 하지 뭐예요? 너무 귀여워 죽겠어요.'라고 자랑을 하고, 칭찬을 해 주셨다는 거야. 그 일에 아이는 너무 상처를 받았다고 했어.

학생 　그게 그렇게 상처받아서 고등학생이 된 후까지 고통스럽게 할 일이라는 게 말이 되나요?

교장 　내 말이 바로 그거야. 그 내용을 다 듣고 나도 좀 어이가 없었거든. '너무도 사소한 기억 때문에 아이가 그렇게까지 상처를 받을 수도 있구나.' 하는 생각을 했지. 그런데 아이는 왜 몇 년이나 흐른 후에도 그 기억을 떠올리며 '가장 상처받은 일'이라고 생각했을까? 아이는 왜 그토록 상처를 받은 걸까?

학생 　부모님의 차별 때문이 아닐까요?

교장 　차별……. 그래, 그렇게 해석할 수도 있겠지. 하지만 분명한 것은 아이는 엄마가 자신을 칭찬하지 않아서 상처를 받은 것이 아니라고 주장했어. 그런 것을 보면 칭찬에 대한 차별 때문도 아닐 거야. 아이가 상처를 받은 진짜 이유는 오랫동안 집안일을 도맡아 했던 자신은 칭찬을 안 해 주고, 단 한 번 설거지를 한 동생을 여러 사람 앞에서 칭찬한 엄마의 행동에 대한 본인의 해석 때문이라는 생각이 들어.

학생 　어떤 해석이요?

교장   엄마가 동생은 사랑해 주면서 자신은 사랑하지 않는다고 해석한 거지. 그게 아이의 마음에 오랜 기간 큰 상처로 남은 게 아닐까? 상처를 받은 근본적 원인은 상대가 나를 사랑하지 않는다는 것을 알게 되었기 때문인 것 같아. 특히 그 상대를 내가 사랑하고 있다면 그 사랑의 크기에 비례해서 더 큰 상처를 받게 되는 거지.

학생   선생님 말씀이 맞는 것 같지만 제 경우에는 해당하지 않아요.

학생은 매우 단호하게 말했다. 교장은 왜 그렇게 생각하는지 말해달라는 표정으로 고개를 약간 끄덕끄덕하면서 학생의 눈을 쳐다보았다.

학생   그 애들이 저를 싫어한다고 해서, 좋아하지 않는다고 해서, 그리고 사랑하지 않는다고 해서 제가 그토록 상처를 받았다고 한다면 전혀 동의할 수 없어요. 저는 그 애들이 저를 좋아하든 말든 상관없거든요.

학생의 얼굴은 점점 상기되었다. 그런 학생을 보며 교장은 입에 힘을 준 채 과하게 고개를 끄덕거렸다.

교장   그 아이들이 너와 친한 친구들이 아니었어도 그렇게 상처를 받았을까? 예를 들어 너를 모르는 사람이 어느 날 너에게 네 어머니에 대해 그런 모욕적인 욕설을 했다면 너는 상처를 받았을까? 아니면 화가 났을까?

학생 물론 인정해요. 그런 부분이 전혀 없었다고는 할 수 없겠
죠. 너무 친했던 애들이었기에 어떻게 그렇게까지 할 수
있었는지 생각할수록 힘들었던 건 사실이니까요. 그렇지
만 저는 상처를 받았다기보다는 화가 났다는 말이 더 맞
는 것 같아요. 제 엄마가 정신적으로 좀 어려움이 있는 분
이라고 해서 그 애들이 저에게 그렇게까지 해서는 안 되
는 거잖아요?

학생은 두 손바닥으로 얼굴을 감싸고 비비더니 손으로 얼굴을
가린 채 그대로 있었다. 그리고 이야기를 멈추었던 학생이 다시
말을 이어 갔다.

학생 상대가 나를 사랑하지 않는다는 것을 알았을 때 상처를
받는다는 선생님의 말씀에 동의합니다. 하지만 제 경우
꼭 그것 때문에 상처를 받았다고는 할 수 없어요.

교장 그럼 어떤 것 때문이지?

학생은 모르겠다는 듯 고개를 저었다.

교장 그래 네 말이 맞아. 나 역시 사람들이 상처를 받는 근본적
이유가 단지 상대가 나를 사랑하지 않는다는 것을 알게
되었기 때문만은 아니라고 생각하거든. 또 다른 이유는
나를 좋은 사람이 아니라고 생각하는 상대의 마음을 알게

되었기 때문인 것 같아.

학생 　좋은 사람이 아니라고 생각한다는 게 뭐죠? 좋은 사람이라는 의미는 너무 추상적이지 않나요?

교장 　좋은 지적이야. 좋은 사람이 아니라고 생각한다는 의미는 너무도 포괄적이지. 사람마다 기준이 다를 수도 있고 말이야. 여기서 좋은 사람이 아니라는 말은 상대가 나를 착한 사람이 아니라고 생각하는 것, 상대가 나를 신의 있는 사람이 아니라고 생각하는 것, 상대가 나를 정의로운 사람이 아니라고 생각하는 것, 상대가 나를 어떤 일을 해낼 수 있는 유능한 사람이 아니라고 생각하는 것, 상대가 나를 존중하지 않아도 되는 사람이라고 생각하는 것과 같이 부정적인 의미를 모두 포함한다고 봐야 할 거야.

학생 　와닿아요.

교장 　어떤 면에서 그렇지?

학생 　그 애들이 저를 거짓말쟁이라고 생각한다는 것을 제가 아니까요.

　학생의 콧등이 갑자기 빨개지며 눈물을 보였다. 교장은 휴지를 꺼내 학생에게 건네주고 조용히 기다렸다. 학생은 이내 눈물을 그쳤지만 표정은 매우 어두웠다. 교장은 분위기를 전환해야만 했다.

교장 　혹시 너도 선도위원회에 가본 적 있니?

학생은 교장의 질문에 대답하지 않고 고개를 아래로 숙이고 있었다.

교장 내가 같이 근무했던 여자 선생님 한 분은 수업 시간에 남학생이 무례하게 굴고 욕설을 해서 학교 선도위원회에 학생의 징계를 요청한 적이 있어. 너도 알다시피 선도위원회는 학생들의 교칙 위반 여부를 판단하기 위한 협의체라 주로 선생님들로 구성되어 있지.

교장이 이야기하는 도중에 학생이 뒤늦게 대답했다.

학생 아뇨. 저는 한 번도 선도에 가본 적이 없어요.

교장은 학생에게 찡긋 윙크하며 말했다. "모범생인걸?" 교장의 반응에 학생은 아무런 표정 변화가 없었다. 교장이 다시 하던 말을 이어 나갔다.

교장 학교에서는 학생에 대한 선생님의 징계 요구가 있자, 선도위원회를 개최했어. 그리고 해당 사안과 관련해서 학생에게 '특별교육'이라는 징계를 내렸어. 그런데 다음날 징계를 받은 학생이 내게 찾아와서 억울함을 호소하며 '엉엉' 소리 내어 우는 거야. 고등학교에서 남학생이 교장실에 찾아와 소리 내어 우는 경우는 처음이었어. 나는 학생이 징계 조치에 대해 많이 억울해한다고 생각했지. 그렇지만 학생에게 교육은 필요한지라 '네가 선생님의 수업 시간에 잠을 자서 선생님이 일어나라고 했는데, 상스러운 말을 하며 소리를 질렀다고 들었어. 아니니?'라고 물었어. 그런데 내 말에 학생은 분노에 찬 목소리로 '네, 맞아요. 제가 그 여자한테 소리를 질렀어요. 하지만 그 여자가 저한테 한 짓에 비하면 그건 아무것도 아니에요. 새 발의 피라고요!'라고 샤우팅을 하는 거야. 특히 교사를 향해 그 여자라는 호칭을 사용하는 학생의 말에 나는 진짜 당황했어.

교장이 이야기하는 도중 학생이 갑자기 눈을 아래로 내리며 민망해하는 표정을 지었다. 교장은 학생이 왜 그러는지 알 수 없었다. 그러나 말을 이어 가려던 교장은 학생을 병원에서 처음 만난 날을 떠올렸다. 그때 학생은 교장에게 반말을 하며 소리를 질렀었다. 교장은 학생도 그 기억이 떠올라 민망해하는 것이 아닌가 추측했다. 교장은 학생을 향해 미소를 지어 보였다.

교장   그 남학생은 내게 '제가 그렇게 나쁜 애는 아니거든요. 지난번 수업 시간에 그 여자에 대한 욕설이 적힌 종이가 발견되었어요. 근데 그 여자가 잘 알지도 못하면서 제가 쓴 거라고 선도에 넘긴 적도 있어요.'라고 말했어. 이 말이 무슨 얘기냐면 그 일이 있기 얼마 전 수업 시간에 교실에서 그 선생님에 대한 욕설이 쓰인 메모지가 발견된 거야. 그런데 발견된 장소가 마침 그 학생의 의자 밑이었어. 선생님은 그 욕설을 쓴 게 그 남학생이라고 주장하면서 학생을 선도위원회에 넘겼어. 그리고 선도위원회에서는 '증거 없음'으로 결론을 내린 일이 있었지.

학생　그럼 실제 그 일로 징계는 안 받은 건가요?

교장　그렇지. 학생이 했다는 증거는 없었으니까.

학생　그렇다고 해도 실제 하지도 않은 일로 선도에 갔다면 그것만으로도 정말 짜증 나는 건 당연하죠.

교장　나도 그렇게 생각해. 그렇지만 학생이 짜증 나고 억울하다고 해서 교사한테 그런 행동을 보이는 것도 문제는 있잖아?

학생　그렇기는 하죠.

교장은 학생에게서 마지못해 교장의 말에 동의하는 표정을 읽었다.

교장　나는 학생에게 말했지. '물론 억울했겠지. 하지만 선생님이 너에게 상스러운 욕설을 해도 참을 수 없는 일인데, 학생인 네가 선생님께 그런 욕설을 했다는 것에 관해 너는 어떻게 생각하니?'라고 말이야. 그런데 눈물을 그치고 이야기하던 학생이 내 말을 듣고는 다시 얼굴을 일그러뜨렸어. 그러고는 더 심하게 울더니 따지듯이 말했어. '그 여자는 그냥 저를 나쁜 애로만 보는데, 저는 왜 욕하면 안 되는 거죠? 저는 그 여자한테 그냥 나쁜 애일 뿐이잖아요?'

조용히 듣던 학생이 짜증 나는 표정으로 끼어들었다.

학생 맞아요.

교장 뭐가?

학생 선생님이 왜 학생을 억울하게 몰아요? 정확하지도 않은 일로.

교장 교사가 학생을 억울하게 몰아서 상처를 받은 걸까?

학생 아니라는 건가요? 아니면 '교사가 학생을 이렇게 사랑하지 않을 수 있는 것인가.'라는 생각에 상처를 받기라도 했다는 건가요?

교장이 갑자기 웃음을 터뜨렸고 학생은 좀 뻘쭘한 표정을 지었다. 교장도 웃은 것이 좀 민망해졌다.

교장 나는 한참 동안 그 학생과 이야기를 했어. 그리고 학생이 크게 상처받은 근본적 이유가 선생님이 잠을 깨운 것, 사건에 대해 오해를 한 것, 선도위원회에 넘긴 것 때문이 아니라는 것을 분명히 알 수 있었어.

학생 그럼 뭐 때문인 거예요?

교장 학생이 그토록 심하게 상처를 받은 이유는 선생님의 말이나 행동에서 선생님이 자신을 나쁜 짓을 할 수 있는 학생이라고 생각한다는 것을 느꼈기 때문인 거야.

학생은 잠시 어두운 표정을 짓고는 이내 투덜거리듯 이야기했다.

학생 선생님이 말씀하셨듯이 누군가가 나에 대해 좋은 사람이 아니라고, 무시해도 되는 아이라고 생각하는 것을 알게 되는 건 너무나도 슬픈 일이죠.

교장 상대가 나를 착하지 않은 사람, 결코 그 일을 해내지 못할 사람, 거짓말하는 사람, 신의가 없는 사람 등으로 생각하는 것을 알게 되었을 때 우리는 상처를 받는 것 같아.

학생 그러니까 사람이 상처를 받는 이유는 상대의 말이나 행동을 내가 두 가지로 해석하기 때문이라고 주장하시는 거죠? 상대가 나를 사랑하지 않는다, 또는 상대가 나를 좋은 사람이 아니라고 생각한다.

교장 그래.

학생 그런데 지난번에 선생님이 상처를 거의 안 받는 사람도 있다고 하셨잖아요? 그 사람들은 상대가 나를 사랑하지 않는다고, 상대가 나를 좋은 사람이 아니라고 생각한다고 해석해도 상처를 안 받는다는 거죠?

교장 그래, 맞아. 같은 상황에서도 어떤 사람은 습관처럼 상처를 받고 괴로워하지만, 어떤 사람은 거의 상처를 받지 않아. 그리고 그 두 사람에게는 근본적인 차이가 있어.

학생 사람이 어떻게 상처를 안 받고 살아요? 선생님은 안 받아요?

교장 나도 상처를 받지. 수시로. 어떤 상황에도 절대 상처받지 않는다고 자신 있게 말할 수 있는 사람이 과연 몇이나 될까? 단언컨대 이 세상을 살아가면서 상처를 전혀 받지 않는 사람은 존재하지 않을 거야. 모든 사람은 평생을 살아가며 순간순간 상처를 받아. 하지만 중요한 것은 같은 상황에서 상처를 더 받거나 덜 받는 사람이 존재한다는 거야.

학생이 고개를 끄덕였다.

교장   어쩔 수 없는 상황에서 상처를 받는 사람에게 그 이유가 바로 너 자신 때문이라고 한다면 아마도 화가 나겠지? 상처를 받는 것도 힘이 드는데 그 탓을 나로 지목하는 거니까. 그렇지만 내가 용기를 내서 꼭 하고 싶은 말은 상처는 본인의 문제라는 거야. 그 이유는 상처라는 게 상대가 절대로 나에게 그렇게 대해서는 안 된다는 본인의 생각에서 비롯되기 때문이야. 아까 말한 두 가지 상처의 원인이 존재한다고 해서 누구나 반드시 상처를 받는 것은 아니야. 상대가 나를 사랑하지 않는다고 해석해도 어떤 사람은 견딜 수 있을 정도로 작은 상처만 받아. 하지만 어떤 사람은 크게 상처를 받고 평생을 심각한 고통 속에서 살아가지. 이 두 사람의 차이는 상대가 나를 사랑하지 않을 수도 있다고 생각하는 것과 나를 사랑하지 않을 수는 없는 일이라고 생각하는 거야. 그리고 상대가 나를 좋은 사람이 아니라고 생각해도 된다는 것과 상대가 나를 좋은 사람이 아니라고 생각해서는 안 된다는 것에서 차이가 있는 거지.

학생   나의 상처는 바로 나 자신의 문제라는 거네요.

우리는 상대의 말이나 행동에서

그 사람이 나를 사랑하지 않는다고 해석할 때 상처를 받는다.

또 나를 좋은 사람(능력 있는 사람, 신뢰가 가는 사람,

함께하고 싶은 사람 등)이 아니라고 생각한다고

해석할 때 상처를 받게 된다.

그런데 중요한 것은 상대가 나를 그렇게 생각해서는

안 된다고 생각하는 사람과 상대가 나를 그렇게 생각해도

된다고 생각하는 사람이 있다는 점이다.

"아무짝에도 쓸데없는 일, 세 가지가 있다."

1. 상처를 좋은 쪽으로 생각하기 위해 부단히 애쓰는 일
2. 상처의 해석을 상대에게 다시 확인하는 일
3. 상처를 준 상대에게 보복하는 일

"타인이 당신을 사랑하지 않아도 된다."

"타인이 당신을 좋은 사람이라고
생각하지 않아도 된다."

5

다른 사람이 당신을 사랑해야 하는가?

교장실로 들어서는 학생의 모습에서 교장은 학생이 이전까지 보아 온 모습과는 다르게 보인다고 생각했다. 머리에는 검은색 챙 모자를 눌러쓰고, 검은색 체육복 한 벌을 교복처럼 입었던 학생이 오늘은 청바지에 흰 티셔츠를 입고 나타났기 때문이다. 그런 이유인지는 몰라도 학생은 밝아 보였다.

학생   사람들이 상대방의 생각을 정확히 알 수 없는 상황에서 상처를 받는다고 하셨잖아요? 그렇다면 우리는 상처를 받을 때마다 상대에게 내가 해석한 내용이 맞는지 아닌지를 확인해야 하는 건가요?

그런데 학생은 곧바로 자신이 한 말을 바꾸어 다시 물었다.

학생 아니, 간단히 말하면 상처를 안 받기 위해서 어떤 노력을 해야 하나요?

교장 너는 상처받는 말을 들었을 때 상처를 안 받기 위해 특별히 노력하는 게 있니?

학생은 곰곰이 생각하다 입을 열었다.

학생 저는 상처받은 일을 떠올리지 않으려고 하거나, 상처를 준 상대방에 대해 좋은 쪽으로 생각하려고 노력하는 것 같아요.

교장 그런 노력으로 해결이 됐니?

학생 음……. 아니요. 약간 효과가 있는 것 같지만요.

교장 그래. 나도 그런 방법을 주로 썼던 적이 있었지. 그렇지만 내가 상처를 받은 상황에서 그 상황을 아무리 좋은 쪽으로 해석하려고 노력해도 상처가 없어지지는 않았던 것 같아. 심지어 상처받은 일이 몇 년 동안 마음속에 깊이 자리 잡고 있다가 비슷한 상황이 재현되었을 때 더 괴로운 마음이 들어서 힘들기도 했었고. 이 방법은 상처를 없애지 못하고 단지 묻어 두는 것뿐이라는 생각이 들어. 다만 이렇게 노력하면 주변 사람들에게는 아무런 영향이나 문제를 일으키지 않고 지나간다는 장점이 있겠지. 하지만 당사자에게는 그게 더 큰 상처가 될 수도 있어.

학생 그렇다면 가장 좋은 방법은 상처를 준 상대의 진짜 생각을 확인하는 거 같은데요?

교장 왜 그렇게 생각하지?

학생 상대가 어떤 말을 했고, 그 말로 인해 제가 상처를 받았다고 하면요. 그 원인은 그 말이 아닌 그 말에 대한 나의 해석 때문이라고 하셨잖아요. 그렇다면 그 해석이 맞는지 상대에게 정확히 확인할 필요가 있는 것 아니겠어요?

교장 그럴까?

학생 그래야 오해가 없어질 수 있잖아요. 또 만약에 나의 해석이 사실로 인정되었다 하더라도 상대에게 내가 그 부분 때문에 상처를 받았으니 그렇게 하지 말라고 경고할 수도 있으니까요.

교장 과연 그러한 노력으로 상처를 없앨 수 있을까? 상처가 상대의 말이나 행동에 대한 나의 해석에서 출발한다는 전제하에 말이야. 내가 상처받은 말을 들은 후에 바로 상대의 진의를 정확히 알아보는 것이 필요한 것일까? 다시 말해서 상처를 받은 순간에 상대가 나에게 상처를 준 그 말과 행동이 내가 해석한 것과 일치하는지를 물어보면 상처가 사라질까?

학생 상처를 받는 상황에서 상대의 말이나 행동을 언급하면서 '당신은 나를 사랑하지 않는군요.' 또는 '당신은 나를 나쁜 사람이라고 생각하는 건가요?'라고 확인하는 것은 도움이 되지 않을까요? 최소한 상대의 마음을 정확히 알 수 있으니까요.

교장 그 상황에서 상대는 내가 확인하는 내용을 인정하거나 부정할 거야. 상대가 인정한다면 나는 더 큰 상처를 받게 되겠지. 예를 들어 남편이 아내의 말이나 행동에서 자신을 더는 사랑하지 않는다고 해석해서 상처를 받았어. 그러면 아내에게 '당신이 나에게 그런 말을 하는 것을 보니 나를 더는 사랑하지 않는 것으로 보이네요?'라고 그 진의를 확인하려 하겠지. 이때 아내가 '그래요. 나는 이제 당신을 조금도 사랑하지 않아요.'라고 말한다면 어떨까? 남편의 상처는 줄어들지 않고, 오히려 자신이 해석해서 받은 상처의 수십 배에 달하는 고통을 받게 되지 않을까?

학생 그럼 우리는 누군가가 나에게 그런 질문을 한다면, 내 마음과 다르더라도 상대가 상처받지 않게 말해야 하는 걸까요? 내가 상처받은 사람의 해석을 부정하면 상처가 좀 아물 수 있을 테니까요.

교장 너의 말이 일리 있는 것 같지만 과연 그럴까? 상처 준 사람이 부정하면 나의 상처는 없어질까? 그럴 가능성도 없지는 않겠지. 하지만 나의 상처가 그대로 남을 가능성도 여전히 존재해. 상대가 그럴 의도가 없었다고 부정한다고 해도 내가 그 말을 진심으로, 완전히, 조금도 의심하지 않고 믿을 수 있느냐의 문제가 또 발생하는 거야. 안타깝게도 인간은 언제든지 사실과 다르게 거짓말을 할 수 있는 존재라는 것을 우리는 이미 잘 알고 있잖아? 우리는 모두 상대가 나를 배려해서, 또는 이 상황을 모면하기 위해서 거짓말을 할 수도 있다는 것을 잘 알고 있다는 거지.

학생   그렇다면 방법은 하나네요. 나에게 상처를 준 사람에게 그 이상으로 되돌려 주면 속이 시원하고 치료가 되지 않을까요?

   교장은 학생의 말에 웃음을 터뜨렸다. 여리게만 생긴 학생의 입에서 그런 말이 나올 줄은 전혀 예상하지 못했기 때문이다. 교장이 웃자, 학생도 이를 드러내며 소리 내어 웃었다. 교장은 학생을 만난 후로 학생이 이처럼 화통하게 웃는 모습은 처음이라고 생각했다.

교장   내가 누군가에게 상처를 받았을 때, 상대에게 그 상처를 되돌려 주는 행위로 나의 상처를 없앨 수 있을까?

   학생은 대답 없이 교장을 응시했다. 교장이 스스로 대답해 주기를 기다리는 것으로 보였다.

교장   언젠가 다른 사람이 나에게 상처를 줄 수 없다는 내용의 책을 읽은 적이 있어. 상처를 주려고 하는 사람을 대처하는 다양한 기술을 알려주고 있었지. 그런데 놀랍게도 상처를 준 상대를 공격하며 상대에게 확실하게 의견을 표현하는 방법을 여러 가지 측면에서 권장하고 있었어.

학생   바로 그거예요.

   학생의 표정이 밝아졌다.

교장　그래? 그런데 나는 이 방법 역시 상처를 없애는 데는 거의 아무런 도움도 되지 못한다고 생각해. 아니, 오히려 나도 모르는 사이에 나와 그 상대 모두에게 또 다른 상처를 줄 가능성이 크다고 생각하거든.

교장은 말을 하다 말고 학생을 응시하며 피식 웃었다. 그러고는 학생을 향해 대뜸 질문을 했다.

교장　그런데 너는 외향적이니, 아니면 수줍음이 많은 성격이니?

갑작스러운 교장의 질문에 학생은 뜬금없다고 생각했지만 바로 대답했다.

학생　반반인 것 같아요.
교장　외향적인 모습도 있고 내성적인 부분도 있고, 뭐 그렇다는 거니?

교장은 어깨를 으쓱하며 물었다.

학생　네. 완전히 외향적이지도 내성적이지도 않다는 거죠. 중간 정도인 것 같아요.
교장　상대에게 내가 받은 상처를 되돌려 주는 방법이 효과적이라고 치자. 그렇다 하더라도 성격이 내성적이거나 소극적인 사람은 이 방법을 사용하기 쉽지 않을걸? 그러기 위해 용기를 내기까지 심적 갈등이 더 클 수도 있어. 또 이런 상황이 반복되면 상처를 받을 때마다 상대에게 정확한 의사 표현을 하지 못하는 자신에 대해 절망감을 느낄 수도 있지 않을까?

학생   그렇네요? 그러면 대체 어떻게 해야 하는 거죠? 누군가에게 상처를 받았을 때, 더구나 상대가 일부러 그런다는 것을 알았을 때요. 그냥 온전히, 그대로, 꼼짝없이 견뎌 내야만 한다는 건가요?

교장   그렇게 견디며 살아갈 수는 없겠지.

대답을 기다리는 학생의 간절한 표정을 보며 교장은 질문을 던졌다.

교장   그런데, 그 누구든 모든 사람이 나를 사랑해야 하는 건가?

학생은 교장을 바라보고 있을 뿐 대답하지 않았다. 교장이 다시 질문했다.

교장   누구나 나를 좋은 사람이라고 생각해야 하는 건가?

학생은 여전히 아무 대답도 하지 않았다. 그러나 교장은 학생이 자신의 말에 귀 기울이고 있다는 것을 알 수 있었다.

교장 네가 대답하기 어렵다면 마지막으로 중요한 질문을 할
게. 지금까지 너는 다른 사람을 좋아하지 않거나, 다른 사
람에 대해 좋은 사람이 아니라고 생각해 본 일이 단 한 번
도 없니?

학생 겉으로 표현한 걸 말씀하시는 거예요?

교장 아니. 다른 사람에게 직접적으로 표현하지 않았다 하더
라도 네가 그렇게 생각한 적이 없냐는 거야.

학생 그건 불가능한 일 아닌가요?

교장 맞아. 두뇌를 가진 인간이 인간과의 관계 속에서 다른 사
람을 좋아하지 않거나, 좋은 사람이 아니라고 생각한 적
이 단 한 번도 없다는 것은 완전 불가능에 가까울 거야.
그렇다면 나는 너에게 다시 질문할게. 누구나 너를 사랑
해야 하는 걸까?

학생은 조용히 생각에 잠긴 듯했다. 교장은 또다시 확인했다.

교장 누구든지 나를 좋은 사람이라고 생각해야 하는 걸까?

학생 그건 그 사람들 마음인 거잖아요.

교장 그래, 맞아. 그 사람이 나를 사랑하고 안 하고는 그 사람
의 마음이지. 또 그 사람이 나를 좋은 사람이라고 생각하
는 것도 그 사람의 마음이야. 따라서 상대가 나를 사랑하
지 않을 수도 있는 거고, 상대가 나를 좋은 사람이 아니라
고 생각할 수도 있는 거지.

학생 선생님은 누구나 나를 사랑해야 하는 것은 아니라는 것,

그리고 누구나 나를 좋은 사람이라고 생각해야 하는 것은 아니라는 것을 이해하면 상처를 치료할 수 있다고 말씀하시는 건가요?

교장 그렇게 생각해. 나 스스로 상대가 그럴 수도 있다고 생각할 수 있다면 상처를 받지 않을 거라고. 하지만 반대로 상대가 어떻게 나에게 그럴 수 있는지의 관점에서 생각한다면 상처를 받을 수밖에 없겠지.

학생 상처받을 만한 상황에서 상대가 그럴 수 있다고 생각하는 것이 현실적으로 가능하다고 생각하시는 건가요?

교장 나도 이 문제에 대해 오랜 기간 생각을 해봤는데 가능하다는 결론에 이르렀어. 단지 이건 자아가 발달해야 하는 문제라서 쉬운 일은 아니지만 말이야. 불가능하지는 않더라고?

학생 글쎄요? 만일 다른 사람들이 사실도 아닌 일로 나를 오해하고 있다면 그건 억울한 일이잖아요? 누군가가 나를 사랑하고 안 하고를 떠나서요. 상대가 나를 오해해서 하는 말이나 행동도 그럴 수 있다고 생각해야 상처를 안 받는 건가요?

학생의 질문에 교장은 잠시 생각하더니 고개를 끄덕끄덕하고는 말을 이어 갔다.

교장 누군가가 나를 청렴한 사람이라고 생각한다고 치자. 그러면 나는 정말 청렴한 사람이 되는 것일까? 내가 평소 도둑질을 하는 사람이라면 청렴하다는 평가를 백 번, 만 번 들어도 청렴한 사람이 되지는 못하겠지. 반대로 누군가가 나를 도둑놈이라고 생각한다고 해도 내가 도둑질을 하지 않았다면 나는 도둑놈이 절대 아닌 거지.

학생 그래도 그렇게 오해를 받고 있으면 너무도 분한 일이잖아요? 안 그래요? 선생님이 그런 상황이라면 참을 수 있으세요?

교장 상대가 나를 어떻게 생각하는지가 아니라 내가 어떤 사람인지가 가장 중요하다는 것을 인정할 만큼 자아가 탄탄하고 강하다면 불가능한 일은 아니라고 생각해.

학생 선생님이 무슨 말씀을 하시는지는 알겠어요. 그런데 그렇다고 해서 상대가 심각한 오해를 하고 있는데도 그럴 수 있다고 생각하며 오해를 감수해야 하나요?

교장 아니, 그렇지 않다고 생각해. 본인이 오해를 받는 것이 불편하다면 그 부분을 설명할 필요는 있겠지. 다만 상대가 나를 오해한다고 해서 모든 사람이 상처를 받는 것은 아니라는 거지. 어떻게 상대가 나에 대해 그런 오해를 할 수 있냐는 생각에서 상처가 생긴다고 생각하거든. 그러니까 오해가 있는 사안이 아니라 그런 오해를 한 사람에 대해 상처를 받는다는 거지. 따라서 오해에 대해 해명의 필요성을 느끼면 해명을 하면 돼. 그런데 상대가 나를 오해한 것에 대해 그럴 수 있다고 생각하는 것과 그럴 수 없다고 생각하는 것은 상처를 받느냐 안 받느냐를 결정하는 매우 중요한 관점이라고 생각해.

학생   남이 나를 어떻게 보는지보다 내가 어떤 사람인지가 더 중요하다는 생각에는 백번 공감해요. 하지만 다른 사람이 나를 어떻게 생각하는지에 관심을 끄는 일이 정말 가능한 걸까요?

교장   재미있는 이야기 하나 해줄까? 나도 라디오에서 들은 이야기야. 한 교회에서 목사님이 신도들에게 물었어. '여러분 중에서 미워하거나 싫어하는 사람이 하나도 없는 분은 손을 들어 보세요.'라고 말이야. 처음에는 아무도 손을 들지 않았어. 그런데 목사님이 재차 묻자, 90세가 넘어 보이는 할아버지께서 손을 드시는 거야. 신도들은 할아버지의 연세가 많으시니, 이제 해탈하셔서 미워하거나 싫어하는 사람이 하나도 없나 보다 하고 생각했지. 목사님은 손을 든 할아버지께 '어떻게 아무도 미워하지 않을 수 있으세요?'라고 물으셨어. 그러자 할아버지는 이렇게 대답하셨어. '내가 아는 친구들이 다 죽어서 미워할 사람이 없어.'라고.

    교장은 이 이야기를 들은 학생이 웃을 거라고 기대했다. 그런데 학생이 매우 정색한 표정을 짓고 있어서 당황스러웠다.

학생   선생님께서는 그 애들이 저에게 욕을 한 것처럼 저도 누군가를 미워하거나 싫어한 적이 한 번도 없냐고 물으시는 건가요?

교장   아니. 그건 너의 해석일 뿐이야.

상처를 받았을 때 그 일을 없던 일로 부정하거나,

상대에게 그 사실을 확인하며 따지거나,

보복한다고 해서 상처가 치유되어 자존감을 회복할 수는 없다.

상처를 치유할 수 있는 유일한 방법은

상대가 나를 사랑하지 않아도 된다는 것,

상대가 나를 좋은 사람이 아니라고 생각해도

된다는 것을 인정할 때만 가능하다.

이것이 바로 자아정체감이다.

다시 한번 기억하자.

당신은 모든 사람에게 사랑을 받지 않아도 된다.

그리고 모든 사람에게 좋은 사람으로 인식되지 않아도 된다.

"나의 엄마와 동생은 정신분열증을 앓고 있다."

"친구들이 나를 거짓말쟁이라고 낙인찍었다."

"내가 지나가면 아이들이 '미친년'이라고 수군거린다."

6

당신은 해결할 수 있는가?

교장이 학생과 처음 상담을 시작한 날의 일이다. 교장실에 들어선 학생은 무표정한 창백한 얼굴로 지쳐 보였다. 교장이 학생을 처음 만난 곳은 병원이었다. 학생이 자살 시도를 해서 병원에 실려 간 상황이었다. 그 만남 이후 교장은 학생의 담임 선생님에게 학생이 교장과 상담하기를 원한다는 말을 전해 들었다. 학생이 담임이 아닌 교장과의 상담을 원하는 것이 이례적이어서 교장은 그 어느 때보다 학생의 이야기에 정신을 집중했다.

학생   저는 작년까지 아빠, 엄마, 그리고 열한 살 된 남동생과
       함께 살았어요. 엄마와 동생은 정신분열증을 앓고 있어
       서 일상생활이 어려워요. 다행히 아빠는 건강하셔서 저

는 전적으로 아빠에게 의지하며 살았죠.

학생은 잠시 말없이 있다가 교장의 눈을 또렷이 주시하며 말
했다.

학생   근데 1년 전에 아빠가 갑자기 돌아가셨어요.

교장은 학생의 말을 듣고, '아픈 어머니와 동생을 두고 아버지
가 돌아가신 것을 견디지 못해서 학생이 자살을 시도한 것인가?'
라는 생각을 했다.

교장   그럼 지금은 네가 가족들을 돌봐야 하는 상황이니?

학생은 교장의 질문에 대답하지 않고 그냥 조용히 있었다.

교장   많이 힘들었겠네.

한동안 말을 안 하는 학생을 보면서 교장은 학생이 아버지의
죽음으로 소녀 가장이 된 후, 생활이 힘들어서 죽음을 결심한 것
이라는 생각을 더욱 굳혔다. 그러나 학생은 교장의 마음을 읽었
다는 듯 다시 말을 시작했다.

학생   아빠는 우리 가족을 위해 돈을 벌고, 보살펴 주셨죠. 그래
        서 아빠가 돌아가시고 정말 막막했어요. 그렇지만 그것

때문에 지금 제가 힘든 것은 아니에요.

교장은 자신의 짐작이 빗나가는 소리를 들었다. 학생은 긴 시간 동안 말을 하지 않고 조용히 앉아 있었다. 교장은 그 시간이 길게 느껴졌지만, 인내심을 갖고 아무 말 없이 학생이 다시 말을 시작하기를 기다렸다. 그런데 학생이 난데없이 의외의 말을 꺼냈다.

학생   '상담의 달인'이라고 그러던데. 맞나요?

교장은 학생의 질문이 너무 예상 밖이어서 '풋!' 웃음을 터뜨렸다. 그리고 문득 자신이 학생과 이야기하면서 내내 긴장하고 있었다는 사실을 깨달았다. 하지만 목젖까지 타고 올라오는 웃음을 억지로 참았다.

교장   응. 그렇게들 얘기하지.

다음 말을 이어 가려던 교장은 학생이 어디서 그런 이야기를 들은 것인지 궁금했다. 교장의 생각을 눈치챈 듯 학생이 말했다.

학생   학생들이 선생님과 상담하려고 대기 중인 걸 모르는 애가 없어요.

교장이 어떻게 대답해야 할지 몰라 잠시 머뭇거리는 사이, 학생이 다시 질문했다.

학생　그런데 왜 학생들하고 그렇게 상담을 많이 하시는 거죠?

　교장은 어디서부터 설명을 해야 하는지, 그리고 자세한 이야기를 할 것인지, 아니면 짧게 말할 것인지, 잠깐 고민했다. 그리고 그냥 학생이 궁금해하는 것만 간단히 설명해 주기로 했다.

교장　그냥 그렇게 됐어, 상황이.

　학생은 교장의 말이 이해가 가지 않는다는 듯 미간을 찡그리더니 비웃는듯한 표정을 지어 보였다.

교장　내가 이 학교에 교장으로 근무하게 된 게 벌써 몇 년이 지났네? 발령이 난 후에 몇 달 지나지 않아서 나는 정말이지 큰 고민에 빠졌어. 전교생이라고 해봐야 300여 명 정도밖에 안 되는 학교에서 한 달에 평균 세 명 정도의 학생이 퇴학을 당하는 상황이었거든. 그대로 가다가는 학교에 학생이 하나도 안 남겠더라고.

　말을 하던 교장은 갑자기 웃음을 터뜨렸다. 그러나 그 웃음소리는 학생의 차가운 표정과 눈초리에 딱 멈추었고, 잠시 적막이 흘렀다. 교장은 겸연쩍어하며 다시 말을 이었다.

교장 더구나 나는 이 학교의 교장으로 학생들의 최종 징계를 결재하는 업무를 맡고 있잖아. 그러니 나는 실질적으로 그 학생들을 퇴학시키는 장본인이었던 거야. 그런 상황에서 나는 교장으로서 해야 할 일과 실제 내가 처리하고 있는 일 사이에서 큰 갈등을 느꼈어.

학생 해야 할 일은 뭐고, 실제 하는 일이 뭐여서 갈등을 느낀 거죠?

고등학교 1학년인 학생이 그렇게 콕 집어 질문하자, 교장은 적잖이 놀랐다.

교장 학생들이 학교에 다니는 이유는 학교가 본인의 인생에 뭔가 도움이 될 거라고 믿기 때문이잖아. 또 부모님은 자녀에게 부족한 부분을 교육해 달라고 학교에 보내시는 거 아니겠니? 그런데 나는 정작 교육하지 않고 퇴학을 시키는 일을 한 거잖아. 그런 상황을 그냥 지켜보기만 하는 나 같은 사람이 교장 노릇을 해도 되나 하는 생각이 들었지.

학생 그게 사실이라면 퇴학을 시키지 말았어야죠.

교장 그래, 네 말이 맞아. 하지만 거기에는 그럴 수밖에 없는 사정도 있는 거니까.

학생은 '어디 한번 당신의 변명을 들어 볼까?' 하는 눈빛으로 교장을 바라보았다. 지금까지 보인 무기력한 모습이 아니었다.

교장 학생이 다른 친구들에게 해를 끼치는 행동을 하는 것에
대해 교사가 계속 지도를 해도 나아지지 않으면 말이야.
그 학생을 계속 용서할 수만은 없는 거 아니겠니?

교장의 질문에 학생은 아무 반응이 없었다. 교장은 다급히 추
가 설명을 했다.

교장 학교 규칙은 사회의 작은 법이잖아? 그러니 그걸 지켜야
하는 것도 어쩔 수 없는 현실인 거지.

학생은 이제 교장을 완전 한심하다는 눈빛으로 쳐다보고 있었
다. 교장은 그런 학생에게 다시 보충 설명을 하고 싶었지만 애써
참았다. 교장의 이야기에 관심을 보였던 학생은 다시 뻔한 이야
기를 듣는다는 표정으로 되돌아갔다. 그냥 조용히 쭈그러져 있
어야겠다고 결심한 듯 보였다. 교장은 학생이 질문을 안 하고 듣
기만 하려는 태도에 오히려 안도감을 느끼는 자신을 발견했다.
그래서 자신이 지금 지나치게 학생의 눈치를 보고 있다는 것을
깨달았다.

교장 친구들을 괴롭히는 학생이 징계를 받지 않고 학교를 계속
다니면 피해 학생들과 학부모님들의 심정은 어떻겠니?
그것도 그냥 넘어갈 수는 없는 일이잖아.

교장은 학생에게 꼭 동의를 얻고 싶은 오기가 발동했다. 하지

만 학생은 교장의 말에 약간 화가 나 있으면서도 지루한 표정을 지어 보였다. 그러고는 뾰족하고 날카로운 어조로 질문했다.

학생　제가 궁금한 건 선생님이 왜 '상담의 달인'이냐는 거예요.

학생은 다시 '상담의 달인'이라 불리는 이유에 대해 추궁했다. 이쯤 되니 교장은 학생이 병원에 있을 때 교장과의 상담을 요청한 이유가 바로 '상담의 달인'이라는 헛소문 때문이 아닌가 하는 생각이 들었다. 교장은 자신의 실체가 드러나는 것이 조금 걱정되었다. 하지만 모든 것을 솔직하게 털어놓아야겠다고 생각했다.

교장　간단히 말할게. 신설 고등학교에서 너무 많은 학생이 자퇴와 퇴학을 하니 말리려고 상담했어. 이제 됐니?

교장이 빠르게 말을 마치자, 학생은 어이없다는 표정을 지었다.

학생　그래서 항상 상담하려는 학생들이 교장실 앞에 줄 서 있었던 거였네요? 저는 또, 아이들이 좋아서 상담하는 줄 알았네요. 그런데 징계받은 애들이 상담하면 달라지나요?
교장　나도 그럴 줄 알았지. 그 당시 나는 내가 상담을 되게 잘한다고 스스로 감동했으니까.

교장이 여기까지 말하고는 갑자기 크게 웃었다. 징계받은 아이들과 상담하던 그 시간이 떠올랐기 때문이다. 하지만 학생은

'내가 왜 이런 뻔한 얘기를 들어야 하지?'라고 생각하는 듯 한심하다는 표정으로 교장을 노려보았다.

학생   뭔가 착각하고 계시는 것 같은데요. 우리 학교가 징계를 안 하는 편한 학교라고 소문난 거 아세요? 우리 반에도 매일 선도만 받는 애가 있고요. 상담으로 그 애들이 변할 거라는 생각은 좀 아니지 않나요?

교장   그래, 네 말이 맞아. 아무리 상담해도 그 아이들이 갖고 있던 문제점은 전혀 나아지지 않았어. 똑같은 문제를 일으켜서 중징계 대상이 되어 또다시 나에게 상담을 요청했으니까.

학생은 '그러면 그렇지.'라는 표정으로 비웃듯 입꼬리를 올렸다.

교장   아니. 오히려 이전보다 문제가 더 심해져서 나타나는 애들이 많았어. 그런 일이 반복되면서 나는 정말 절망했어. 선무당이 학생들을 잡는 게 아닌가 싶기도 했고. 이 아이들이 변할 수 있는지, 과연 상담이 필요한 건지, 상담을 계속할 이유가 있는지 회의가 들었어.

학생   그러면 '상담의 달인'이라는 말은 선생님이 스스로 소문내신 건가요?

교장은 학생의 말에 큰 소리로 웃다가 또 무표정하게 쳐다보는 학생의 싸한 표정을 느끼고 '응'이라고 대답했다. 적어도 이 대답에는 학생이 웃어 줄 거라고 기대했다. 하지만 생각과 다르게 학생은 여전히 무관심한 표정으로 교장을 바라보고 있었다.

교장   그래, 좋아. 일단 나는 오늘 너와 처음 상담하는 거잖아? 우리는 스무 번의 상담을 하기로 했으니, 상담이 끝날 때 즈음 소문이 사실인지 아닌지는 네가 판단하면 되겠지?

학생은 기대 없는 무표정으로 교장의 눈을 응시할 뿐 전혀 반응하지 않았다.

교장   내 이야기는 여기까지 했고, 이제 나도 너의 이야기를 다시 듣고 싶은데?

학생의 깊은 한숨 소리가 들렸다. 학생은 다시 자신의 힘든 상황이 생각났는지 낯빛이 어둡게 변했다.

학생   아무것도 할 수 없는 엄마와 동생을 돌보면서 공부도 열심히 했어요. 빨리 졸업하고 좋은 데 취직해서 돈을 벌어야겠다고 생각했거든요. 이제 우리 가족, 아니 저에게는 저밖에 없으니까요.

교장은 학생의 이야기에 고개를 끄덕였다. 그리고 학생의 이야기를 듣던 교장은 문득 학생이 자세를 매우 바르게 하고 앉아 있는 것을 발견했다. 학생이 긴장해서 그런 것인지 아니면 본래 자세가 바른 것인지는 알 수 없었다. 학생은 여전히 무표정하게 말을 이어 갔다.

학생 그런데 어느 날부터 친했던 친구들이 저를 보면서 무시하는 표정을 지었어요. 제가 말을 걸어도 대답을 안 했어요. 심지어 제가 그 애들 옆으로 지나가면 뒤에서 '미친년'이라고 수군댔어요.

학생은 매우 담담하게 말했지만, 교장은 학생의 입에서 '미친년'이라는 단어가 튀어나올 때 '이건 뭘까?' 하는 생각이 들었다. 왜 그런 말을 했는지 이유를 묻고 싶었지만, 학생이 말해 주기를 조용히 기다렸다. 그러나 학생은 더는 말하지 않았다. 교장은 혹시 이 아이가 다른 친구들에 대해 피해망상적인 생각을 하는 것이 아닌가 하는 생각이 들었다.

교장 친구들에게 왜 그러는지 물어봤니?

학생은 눈을 내리깔고 대답했다.

학생 물어봤는데 정작 그 애들은 아무 대답도 안 해 줬어요. 아니, 저와 아예 상종을 안 하는 거예요. 그런데 어느 날 친하지도 않은 애가 저한테 '너의 엄마 정상이 아니라며?'라고 하는 거예요.

교장은 학생의 어머니와 관련해 문제가 생긴 것으로 짐작했다. 교장이 다음 질문을 하려고 하는데, 학생이 조금 전과 달리 화를 참지 못하겠다는 듯 큰 소리로 말했다.

학생　　그리고 걔가 저한테 뭐라고 했는지 아세요?

교장은 정말로 뭐라고 했는지가 궁금해서 그냥 학생의 눈을 주시하고 답을 기다렸다. 학생은 다시 소리를 지르듯이 말하며 헛웃음을 지었다.

학생　　'웬 메이커 운동화를 신고 다녀?'라고 하는 거예요!

교장은 학생의 뜬금없는 말을 이해할 수 없었다. 학생들이 아직 어리다 해도 고등학생이면 어느 정도 성숙한 나이다. 친구의 엄마가 정신분열증을 앓고 있다고 해서 미친년이라고 표현하는 것은 도무지 상식적으로 이해할 수 없는 일이다. 하물며 운동화하고는 또 무슨 관계가 있단 말인가.

교장　　그게 친구들이 너를 멀리할 일이니?

교장의 말에 학생은 뭔가를 결심한 듯한 표정을 지으며 다시 말을 이어 갔다. 교장이 보기에 학생은 교장이 자신을 지지하는 것으로 해석한 듯했다.

학생 엄마와 동생이 정신적으로 어려움이 있다는 얘기를 그 애들한테 한 적이 없어요.

교장 당연하지. 친구들에게 부모님 얘기를 하는 애가 몇이나 되겠어?

학생은 한동안 말없이 있다가 무심한 표정으로 말했다.

학생 문제는 제가 그 애들한테 우리 집이 잘사는 것처럼 말을 했었는데, 애들이 제 사정을 알게 된 거예요.

학생의 표정이 너무 힘들어 보였지만, 교장은 무슨 말을 해야 할지 몰라 잠시 말을 잇지 못했다. 교장이 언젠가 아동심리분석사 자격증을 따면서 배운 내용에 의하면 분명히 '공감을 해 줘야 한다.'라고 언급되어 있었다. 그러나 교장이 그동안 학생들과 상담하면서 깨달은 사실이 있다. 대책도 없이 학생의 말에 계속 공감해 주기만 하면 오히려 학생은 상담자가 가식적이라고 느낀다는 것이다. 그 때문에 상담이 종료되는 일을 여러 번 경험했었다. 그래서 공감은 아무 때나 해서는 안 된다는 생각이 교장의 머릿속에 굳어져 있었다. 교장이 이런 생각을 하고 있을 때 학생이 갑자기 분노에 찬 목소리로 교장을 향해 따지듯 말했다.

학생 우리 엄마가 병이 있는 게 죄예요? 제가 메이커 운동화 신고 다닌 게 죄예요? 저는 그 애들보다 어렵고 힘들게 살고 있어요. 근데 제가 그렇게 살고 싶어서 그런 건 아니잖아요.

학생은 따발총처럼 말했다. 화를 억누르듯 한 문장, 한 문장 말을 내뱉으며 쏘아붙였다. 그 모습에서 교장은 병원에서 학생을 처음 만난 날, 학생이 교장을 당신이라고 부르며 소리 지르던 모습이 떠올랐다. 딱히 할 말을 찾지 못하는 교장에게 학생이 의미심장한 웃음을 지어 보였다.

학생   더 상처받기 싫어서 죽으려고요.

교장은 죽겠다는 학생의 결심에 뭐라도 할 말을 찾았지만 특별한 말이 생각나지 않았다. 어떤 말을 해야 할지 머릿속으로 열심히 궁리하고 있을 때 학생이 차갑게 말했다.

학생   이제, 약속하셨듯이 제 문제를 해결하셔야죠.

약속이라는 학생의 말에 교장은 학생이 죽으면 학생과 대화를 한 자신에게 책임이 돌아올지도 모른다는 걱정으로 머리가 아파졌다. 교장은 학생이 자살을 시도했을 때 입원 중인 병원을 찾았었다. 당시 죽음을 고집하는 학생에게 엉겁결에 문제를 해결해주겠다고 약속한 것이 너무 경솔한 행동이었다는 생각마저 들었다. 그러나 한편으로는 죽음을 예고하는 학생 앞에서 자신의 안위를 먼저 걱정하는 것에 대해 자책했다. 학생은 교장이 절대로 자신의 문제를 해결할 수 없다고 생각하는 듯했다. 학생은 냉정한 표정으로 교장을 계속 응시하고 있었다.

교장   오늘은 대화를 일단 종료하고, 이틀 후에 다시 만나자.

학생의 문제는 학교생활뿐 아니라 근본적으로는 가정 문제가 연결되어 있었다. 그래서 교장이 직접 개입한다고 해결될 문제가 아니라는 생각이 들었다. 솔직히 이틀 후에도 어찌해야 할지 특별한 묘수는 떠오르지 않았다. 학생은 교장의 말에 잠시 생각하는 듯하더니 교장실 출입문을 향해 걸어 나갔다. 그 모습을 바라보던 교장이 갑자기 학생을 불러 세웠다. 문득 학생이 오늘 돌아가서 자살할지도 모른다는 생각이 들었기 때문이다.

교장   나와 약속한 상담은 아직 열아홉 번 남았어.

학생은 뒤돌아보지도 않은 채 대답 없이 문을 열고 밖으로 나갔다.

교사가 학생의 불우한 가정환경을 바꿀 수는 없다.

또한 상처받은 학생에게 용기를 내라고,

좌절하지 말라고 말한다고 해결되는 일은 하나도 없다.

아울러 가해 학생들에게

그렇게 상대를 괴롭혀서는 안 된다고 말을 하거나,

학교폭력의 문제로 접근해서 징계를 준다 해도

근본적인 문제는 절대로 해결되지 않는다.

오히려 학생들과의 관계만 더 나빠질 뿐이다.

해결의 실마리는 오직 강하고 단단한,

그 누구에게도 어떤 일에도 상처받지 않는

자아정체성을 기르는 것뿐이다.

"다른 사람이 나를 어떻게 보는가에
관심을 끊는 것이 가능한가?"

"타인의 시선에서 벗어나는 것이 가능한가?"

"상처받은 일에서 벗어나는 것이 가능한가?"

7

당신은 어떻게 강한 사람이 되는가?

학생 지금까지 선생님이 제게 설명한 논리가 성립된다면요. 상처를 받지 않거나 덜 받기 위해서는, 상대가 나를 어떻게 보는가에 관심을 끊는 일이 가장 중요하다고 할 수 있 겠죠?

교장 그래, 그게 매우 중요하지. 이 세상 모든 사람은 살아 있 는 동안에는 누군가를 좋아하지 않을 수도 있고, 사랑하 지 않을 수도 있지. 더 나아가서 싫어할 수도 있지. 또 좋 은 사람이 아니라고 생각할 수도 있어. 단지 내색하지 않 을 뿐이지. 그들이 그렇게 생각하는 것을 내가 어떻게 하 니? 상대의 마음이지.

학생 물론 나도 다른 사람을 싫어하거나 미워할 수 있죠. 그러니 다른 사람도 나를 싫어할 수 있다고 생각하면 마음이 좀 더 편안해지는 것은 사실이에요. 하지만 이러한 방법으로 다른 사람이 나를 어떻게 보는가에 관심을 끊는 것이 현실적으로 가능한 일인가요?

교장   불가능하지.

학생   지난번에 가능하다고 하지 않으셨어요?

교장   그때 나는 단서를 달았어. 상처받지 않는 강한 자아가 발달해야 한다는 전제 조건 말이야.

교장의 단호한 대답에 학생은 당황한 듯 보였다. 그런 학생을 향해 교장은 다시 한번 더 쐐기를 박았다.

교장   지금까지 너는 나와 대화하면서 다른 사람이 너에 대해 어떻게 보든 관심을 기울이지 않겠다고 다짐했을 수도 있어. 너의 상처에서 벗어나기 위해서 말이지. 물론 그러한 노력으로 상처가 잠시 덜할 수는 있을 거야. 하지만 그러한 노력으로 과연 네가 다른 사람의 말이나 행동에 전혀 상처를 받지 않게 되는 기적이 생길까?

학생   선생님은 어떻게 그렇게 단정할 수 있죠?

교장   나는 몇 년간 연구원에서 학생들의 진로(進路) 결정을 위한 흥미와 적성은 어떻게 발견되고, 계발되는지를 적극적으로 연구한 적이 있어. 그런데 연구를 진행할수록 인간의 진로와 삶에 가장 큰 영향을 주는 것이 개인의 흥미와 적성이 아닌, 인간의 '자아정체감self-identity'이라는 것을 알게 되었어. 어떤 일에 흥미와 적성이 뛰어난 사람이라고 하더라도 자아정체감이 발달해 있지 않으면 직장, 결혼, 나아가 모든 일상생활에서 평생 어려움을 겪으며 살아가게 된다는 것을 깨닫게 된 거야. 결론적으로 내가 확실히 알게 된 것은 청소년의 진로에 가장 중요한 것은 자아정체감이라는 거야. 따라서 자아정체감이 발달하지 않은 학생들에게 흥미검사, 적성검사, 성격검사를 비롯해 그 어떤 표준화 검사를 하는 게 의미가 없다는 결론을 내리게 되었지.

학생 선생님께서 말씀하시는 내용이 아까 하던 얘기와 도대체 무슨 관련이 있는지 저는 잘 모르겠는데요?

교장 자아정체감이 상처라는 놈하고 엄청나게 관계가 있다는 말이야. 나는 이후에도 또 다른 연구에서 자아정체감에 대해 다시 한번 놀란 적이 있어. 직업인의 성공 요인에 관해 연구하면서 인간이 성공적인 삶을 살기 위해서는 자아정체감이 필요하다는 것을 알았어. 그리고 자아정체감이 그들을 상처받지 않는 대단한 사람으로 만드는 비결이라는 결론을 내렸지.

학생 그런 얘기는 처음 들었어요. 자아정체감은 많이 들어 봤지만요.

교장 나도 믿을 수 없었지만 놀랍게도 진로의 시작점에 자아정체감이 형성되어 있는 사람은 상처를 덜 받거나 거의 받지 않는 현상을 보였어. 그리고 상처를 받지 않는 사람의 특성은 인생을 살면서 겪는 인간관계에 매우 긍정적인 영향을 미쳤고, 직업 전문성 향상에도 매우 중요하다는 것을 알게 되었지.

학생 그러니까, 타인에게 관심을 끊는 것과 상처받은 일에서 벗어나는 데 필요한 것이 바로 자아정체감이라고 생각하시는 건가요?

교장 내가 학생들과 상담하면서 전혀 문제가 해결되지 않아서 의미 없는 상담을 했었다는 얘기 기억하니?

학생 선무당이 학생들을 잡았다고 표현하셨었죠.

교장 기억하는구나.

교장은 학생이 자신의 이야기를 기억해 주는 것에 묘한 기쁨을 느끼면서 한층 고조된 목소리로 말을 이어 갔다.

교장 그런데 어느 순간 정말 놀랍게도, 상담받고 싶어 하는 학생과 학부모들이 줄을 섰다니까?

학생이 교장의 눈을 또렷하게 응시하고 있었기에, 교장은 다시 한번 강조했다.

교장 정말 사실이야. 안 믿어지니?

학생 믿어져요. 그러면 그때부터 상담의 달인이라고 소문내신 건가요?

교장은 학생의 말에 크게 웃으며 고개를 과하게 끄덕였다.

학생 상담 능력을 인정받게 된 비결이 뭐라고 생각하시는 거예요?

교장 자아정체감과 상처의 상관성을 알게 된 시점부터 상담에 큰 변화가 일어났다고 확신해.

학생 변화라는 건? 구체적으로 뭐가 달라졌다는 건가요?

이에 관한 설명은 아주 중요한 부분이다. 그래서 교장은 학생이 이해하기 쉽게 말해 줘야겠다고 생각했다. 잠시 골똘히 궁리하던 교장은 설명을 시작했다.

교장 처음 학생들과 상담할 때는 눈에 보이는 문제를 해결하는 데만 관심을 두었었지. 그런데 이후 학생의 자아정체감을 키우는 것, 다시 말해 학생들이 상처를 받지 않는 사람으로 성장할 수 있도록 하는 데 초점을 맞췄다는 거지. 그리고 이 방법은 기적 같은 효과를 보였어. 자아정체감 형성에 초점을 맞춘 상담을 접한 학생들은 신기하게도 학교생활뿐만 아니라 가정이나 일상생활의 모든 문제가 나아졌어. 그런데 더 놀라운 것은 이런 사례가 단지 학생들에게만 해당하는 것이 아니라는 거야. 학부모들에게도 마찬가지였어. 자녀 때문에 힘들어하는 부모들이 나와 이야기를 하면서 자아정체감에 관해 관심을 두기 시작했지. 이후 학부모들 역시 자녀와의 관계뿐 아니라 사회생활에서도 매우 큰 진전을 보였어. 심지어 연봉이 올라가는 사람도 있었다면 믿겠니?

학생 자아정체감으로 제 문제도 해결될 수 있다고 보시는 건가요?

교장 솔직히, 그래. 지금까지 내가 진행한 상담 방법이 성공할 수 있었던 유일한 방법은 자아정체감을 이해시키는 거였어.

교장의 말에 학생은 분노에 찬 목소리를 내뱉었다.

학생 선생님, 자아정체감이 생기고 그 결과로 저의 상처가 없어진다고 한들 현실에서 대체 뭐가 달라지나요? 상처를 받을 거면 받아야죠. 그 애들이 저를 상종하지 못할 인간으로 취급하는데 제가 자아정체감이 생기면서 그 애들의 만행을 이해하면 끝나는 건가요? 제가 넓은 마음으로 용서해야 하는 건가요?

교장의 귀에 학생의 차갑고 또렷한 말투가 점점 더 또박또박 들렸다. 교장은 한참 동안 생각에 잠겼다가 낮은 목소리로 천천히 말했다.

교장 나는 네가 그 애들을 이해하거나 용서하는 것에 아무런 관심이 없어.

학생 그럼 현실의 문제와 상관없이 제 마음이 편해지는 것에만 관심이 있다는 말씀이신가요?

교장 아니. 나는 네 마음이 편해지는 것에도 관심이 없어. 아니, 다시 정확히 말할게. 나는 네가 그 애들을 용서해야 한다고 전혀 생각하지 않아. 단지 네가 엄청나게 강해질 거고, 너의 문제를 충분히 해결할 수 있다고 생각할 뿐이야. 그리고 가장 중요한 것은 너는 나와 스무 번의 상담을 하겠다고 약속했고, 이제 일곱 번째 상담을 하고 있을 뿐이라는 거야.

교장의 말을 듣는 학생은 여전히 아무 의욕이 없어 보였다. 교장은 학생이 이 상담에서 자신의 문제가 아닌 상처와 관련된 이야기만 한다고 느껴서 매우 절망하고 있다고 판단했다. 교장은 학생에게 자기 생각을 좀 더 명확하게 알릴 필요를 느꼈다.

교장 나는 너의 문제를 해결하는 데 가장 큰 관심이 있어. 이건 너의 목숨을 걸고 하는 상담이잖아.

학생은 여전히 조용히 앉아 있었다. 교장이 자신의 문제를 본질 그대로 다루지 않는다고 생각하는 것 같았다. 교장은 이 침묵을 깨야만 했다.

교장 나와 이야기하고 싶은 부분이 있으면 정확히 말해 볼래?
학생 자아정체감이 저를 강한 사람으로 만들 수 있다고 하셨죠?

사실 교장은 학생이 현재 진행되는 대화에 불만을 말할 것이라고 예상했다. 그런데 의외로 자아정체감에 관해 다시 이야기를 꺼내는 학생의 모습에 놀랐다. 또한 학생 스스로 이 대화를 통해 문제를 해결할 수도 있을 것이라는 일말의 희망을 품고 있다고 받아들였다.

교장 자아정체감이 무슨 의미인지 아니?

학생은 자신에게 질문이 올 줄은 예상을 못 했는지 약간 머뭇거렸다.

학생 '나는 누구인가.' 아니에요?
교장 그래, 맞아. 자아정체감은 내가 누구인가야. 그게 무슨 뜻
      으로 보이니?
학생 무슨 뜻으로 보이다니요? 말 그대로 '내가 나를 어떤 사람
      으로 보는가.'를 말하는 거죠.
교장 아니. 그런 뜻은 결코 아닌 것 같아.

학생이 미간을 찡그리며 다시 말했다.

학생 '나는 누구인가.'와 '내가 나를 어떤 사람으로 보는가.'가
      다른 뜻이라고요?
교장 자기 자신을 좋은 사람으로 생각하는지, 아니면 나쁘게
      생각하는지 중 어느 쪽으로 보는지의 문제가 아니라는 거
      야. 자아정체감은 실제 나 자신에 관한 객관적인 판단이

라고 할 수 있어.

학생   자기 자신에 관한 객관적인 판단이라고 하는 것도 결국은 스스로 자신을 어떻게 생각하는지에 따른 주관적 판단을 근거로 하는 거 아닌가요? 예를 들면 내 얼굴이 예쁜지 아닌지, 공부를 잘하는지 아닌지를 스스로 객관적으로 판단하는 거죠.

교장   보통 자아정체감의 의미를 그렇게 생각하기 쉽지. 하지만 자아정체감에서 '나는 어떤 사람인가.'라는 것은 내가 어떤 특성을 가진 사람인지, 예를 들면 나의 외모, 흥미, 적성, 성격, 가치관 등 개인의 모든 특성에 관한 객관적 인식을 의미하는 거야. 이건 타인이 볼 때도 인정할 수 있을 정도의 객관적 인식이어야 해. '인식'이 무슨 뜻인지 아니?

학생   판단과 거의 같은 의미잖아요? 그런데 저는 선생님의 설명과 저의 설명에서 다른 점이 전혀 없다고 생각하는데요? 그러니까 자아정체감은 나의 특성에 관한 객관적 판단이라는 거잖아요?

교장   아주 정확한 표현이야. 자아정체감은 나의 역량, 나의 신체 등 자신에 관한 객관적 평가야. 그리고 여기에 나를 둘러싼 환경에 관한 것도 포함되지. 예를 들면 나의 부모는 어떻다, 나의 형제는 어떻다, 나의 가정경제는 어떻다 등 나와 관련된 주변 현실에 관한 인식도 포함하는 의미야.

학생   그렇다면 제가 좀 전에 말한 내 얼굴이 다른 사람에 비해 예쁜지 아닌지, 공부를 잘하는지 아닌지와 같은 판단은 객관적이지 않다는 건가요?

교장 나 자신을 긍정적으로 혹은 부정적으로 인식하는지의 관점은 자아정체감이라고 볼 수 없어. 좀 더 구체적으로 예를 들면 자아정체감은 나의 얼굴 모습이 나의 마음에 드는지 아닌지의 관점이 아니라, 나의 얼굴은 단지 이렇게 생겼다고 인식하는 거야. 나의 몸이 뚱뚱해서 내 마음에 든다, 안 든다는 관점이 아니라 내가 좀 살이 찐 사람이라고 인식하는 거지. 또 나의 부모가 부자라서 혹은 가난해서 좋다, 안 좋다 문제가 아니라 나는 경제적으로 여유가 있는, 혹은 가난한 집의 자식이라는 점을 객관적으로 인식하는 거야.

교장의 설명에도 학생은 고개를 갸웃했다. 그 모습에 교장은 잠시 생각하다 말을 이어 갔다.

교장 자아정체감이 발달한 사람과 그렇지 못한 사람의 가장 큰 차이는 자신의 특성이 어떻든 그것을 있는 그대로 받아들이냐, 그렇지 못하느냐는 점이야. 자아정체감이 발달하지 못한 사람은 자신이 부족하다고 느끼는 부분에 관해 굉장히 창피해하거나 슬픔을 느낄 수 있거든.

학생 자아정체감은 나와 나를 둘러싼 모든 환경에 관해 나는 이러이러한 사람이라고 객관적으로 생각하고 받아들이는 것을 말하는 거네요?

교장은 웃으며 손뼉을 쳐주었다. 그러나 학생은 양미간이 찌그러지면서 눈을 감았다. 교장은 학생의 반응이 의외라 당황스러웠다. 한참 눈을 감고 있던 학생이 말했다.

학생 저도 희망을 품고 싶지만, 답이 없어요. 저에 관해 객관적으로 생각하면 할수록 저는 살아갈 용기가 없어지거든요.

교장 자아정체감이 발달했을 때 나타나는 가장 큰 특징은 나의 어떤 특성이라도 부정하거나 나쁘게 생각하지 않는 힘이 생긴다는 거야.

학생은 교장의 말에 '선생님'이라고 힘주어 말하더니 갑자기 '피식' 웃었다. 그 웃음소리는 교장의 귀에 '어이없음'이라는 단어로 들렸다.

학생 객관적으로 자신의 모습을 바라보았을 때 너무도 절망적이라면, 어떻게 부정적으로 생각하지 않을 수 있는 거죠?

교장 중요한 질문이라고 생각해. 내 모습이 객관적으로 볼수록 마음에 안 드는데 어떻게 부정적으로 생각하지 않을 수 있겠어? 그러나 여기서 중요한 것은 현황이나 사안에 관한 인식인지, 아니면 나라는 사람에 관한 인식인지를 잘 생각해 봐야 해. 자아정체감은 자신이 지닌 긍정적 특성과 부정적 특성을 있는 그대로 다 수용하는 것이기 때문이야. 자아정체감이 발달하지 못한 단계에서는 나의 외모에 관해서도 '만족스럽다.', '만족스럽지 못하다.'로 긍정 혹은 부정의 관점이 존재해. 나의 외모가 만족스럽지 못하면 스스로 창피해하거나 부끄러워하는 마음을 가지게 되지. 반면에 자아정체감이 확립된 단계에서는 나의 외모가 어떤지에 대해 만족, 불만족의 관점이 아니야. 그냥 나의 외모는 이렇게 생겼다고 객관적으로 인식하는 거야. 그러면 나의 외모가 안 예쁘다고 해서 자신을 부끄러워하지 않아. 자신의 외모가 안 예쁘다고 생각해도 그 모습이 나라는 사실을 그냥 객관적으로 인식하지. 그래서 나라는 사람에 대해 부끄럽거나 창피한 감정이 없어. 다른 사람이 안 예쁘다고 불쌍히 여기지도 않아. 다시 말하지만 단지 '나'라는 사람은 이렇게 생겼다고 인식하는 것뿐이지.

학생 그럼, 어떤 학생이 자아정체감이 발달했으면 학업성적이 꼴찌라도 슬퍼하거나 자신을 부끄러워하지 않는다는 거잖아요? 그러면 그 학생의 인생에서 발전이 있을까요? 학업성적이 영원히 꼴찌에 머물러 있겠죠. 이렇게 보면 자아정체감이 발달했을 때 오히려 발전이 없는 거 아니에요?

교장 네 말이 맞아. 자아정체감은 내가 갖고 태어난 특성뿐 아니라 상황에 대한 인식도 포함하지. 그래서 꼴찌를 한다고 해도 창피해하는 부정적 인식이 생기지 않아. 단지 그런 결과가 나온 원인에 대한 문제점을 인식하는 것뿐이지. 다른 예를 들면 나의 아버지가 술주정뱅이라고 해도 그를 숨겨야 할 대상, 부끄러운 대상으로 인식하는 것이 아니야. 나의 아버지는 술주정뱅이라는 현실을 인식하고, 해결 방안을 걱정할 뿐이지. 그러니까 꼴찌를 해도 그것이 부끄러운 일은 아닌 거야. 단지 자신의 학업 방법 등에 대한 문제점을 인식하는 거야. 그래서 학습 태도를 바꾸거나, 학습 시간을 늘리는 방법으로 꼴찌에서 탈출할 수 있는 거지.

학생 자아정체감이 발달하면 나의 특성을 객관적 사실로 보기 때문에 그것을 부끄러워할 사항으로 생각하지 않는다는 거죠. 단지 문제가 있다면 보완해야 할 사항으로 본다는 거네요? 도대체 그게 어떻게 가능한 거죠? 너무 이상적인 얘기 아닌가요?

교장 그렇게 생각할 수도 있어. 그러나 가능하다고 생각해. 자아정체감이 발달하면 자신이 다른 사람과 다르다는 것을 인식하게 돼. 이러한 특성은 자기 자신에 대한 관점뿐 아니라 다른 사람을 바라보는 관점에도 똑같이 반영되지. 그래서 다른 사람이 나와 다르다는 것을 완전히 인정할 수 있는 거야. 즉 다른 사람의 생각과 말, 행동이 나와 다를 수 있음을 받아들이게 되는 거지. 이로 인해서 자아정체감이 발달한 사람은 결코 자신이 가진 어떠한 특성을 가지고 다른 사람과 비교하면서 으스대거나 부끄러워하지 않아. 자아정체감의 발달에서 가장 큰 핵심은 나와 남이 다르다는 것을 인정하는 것이야.

학생 선생님 말씀대로라면 저한테 그런 짓을 한 애들은 자아정체감이 정말 낮은 거네요? 우리 엄마가 정신적으로 병이 있다고 해서 '미친년'이라고 말하는 건 자아정체감이 너무 떨어지는 거잖아요?

학생은 자아정체감의 의미를 다시 자신이 겪은 일에 적용했다. 교장은 학생이 아무리 노력해도 아직 자신이 받은 상처의 문제에서 벗어나지 못하고 있다고 생각했다.

교장 그래. 자아정체감이 발달했다면 그런 행동은 할 수 없지.

학생 선생님은 지금까지 자아정체감이 발달하면 상처를 안 받는다고 말씀하시는 거잖아요? 그게 말이 안 되는 게, 나를 단지 객관적으로 보는 것만으로 어떻게 상처를 안 받을 수 있죠?

교장 자아정체감이 발달하면 왜 상처를 덜 받게 되는 것일까? 너는 아마도 벌써 눈치챘을 것 같은데?

학생 저는 전혀 모르겠는데요? 아니, 동의하기가 어려운데요?

교장 그럼 질문을 하나 할까? 사람이 다른 사람의 말이나 행동에서 상처를 받는 가장 큰 원인이 무엇일까? 지금까지 너와 내가 많이 얘기한 것 같은데?

학생 상대가 나를 사랑하지 않는다고 느낄 때, 나를 좋은 사람이 아니라고 느낄 때라고 하셨죠.

교장 그래. 더 정확히 말하면 '상대가 나를 어떻게 생각하는지에 대한 나의 해석' 때문이라고 이야기했었지. 기억나니? 그 해석으로 상대가 나를 사랑하지 않는다는 것을 알았을 때, 또는 상대가 나를 인정하지 않는 것을 알았을 때라고 말이야.

학생이 고개를 끄덕였다.

교장 자아정체감은 내가 남과 다르다는 것을 인식하는 거야.
또 남도 나와 다르다는 것을 인식하는 거지. 따라서 자아
정체감이 발달한 사람에게 누가 어떤 말을 해도 나에 대
한 객관적 인식은 변하지 않아. 또 자아정체감이 발달하
면 다른 사람이 자신을 사랑하지 않거나, 싫어할 수 있다
는 것을 잘 알고 있지. 그래서 다른 사람이 자신을 싫어
한다는 것을 알았을 때, 단지 '저 사람이 나를 싫어하는구
나.'라고 생각할 뿐이지. 그 이상 어떤 생각을 갖지 않는
거야. 왜냐면 다른 사람은 내가 아니므로 얼마든지 그렇
게 생각할 수 있는 거니까. 결국 상처를 잘 받는 사람이
길러야 할 것은 단순한 말의 기술이나 습관, 인내심이 아
니야. 바로 자아정체감이지.

타인의 시선에서 벗어나는 것,

그리고 다른 사람이 나를 어떻게 보는가에

관심을 끊는 것은 인간의 본성상 매우 어려운 일이다.

그러나 단 한 가지 유일한 방법은

강한 자아, 즉 자아정체감을 기르는 것이다.

자아정체감은 나, 또는 다른 사람이

그럴 수 있다는 것을 인식하는 것이다.

나의 외모가, 성적이, 환경이 마음에 드는지 아닌지의

관점에서 판단하는 것이 아니다.

단지 외모가 이렇게 생겼다, 성적이 이렇다,

주변 환경이 이렇다 하고 인식하는 것이다.

자아정체감의 핵심은

남과 다른 개인의 특성을 인정하는 것이다.

"상처를 더 받는 당신은 '사람'에 초점을 맞춘다."

"상처를 더 받는 당신은 다른 사람에게 상처를 더 준다."

"상처를 더 받는 당신은 다른 사람의 도움을
받지 못한다."

8

'사람'에 초점을 맞추는 당신은 상처를 받는다

교장 내게는 자주 모임을 하는 세 친구가 있어. 어느 날 그중 한 친구가 다른 친구에 대한 걱정을 털어놨어. 다른 친구가 자기한테 백만 원을 빌려 가서는 갚지 않는다는 거야. 이 말을 들은 나는 돈을 빌린 친구에게 무슨 일이 있는 것은 아닌지 걱정되었어. 그래서 얼마 후 돈을 빌린 친구를 만나게 되었을 때 물었지. '네가 ○○한테 돈을 빌리고 못 갚고 있는 것 같은데 무슨 문제가 생긴 거니?'라고. 그런데 그 친구는 누구에게 그 얘기를 들었냐고 화를 내며 나를 추궁하기 시작했어. 그러면서 그 말을 나에게 전한 사람으로 돈을 빌려준 친구와 또 다른 한 친구를 지목했어.

조용히 귀 기울이는 학생에게 교장이 질문을 던졌다.

교장 그 돈을 빌린 친구는 왜 나에게 그렇게 화를 내면서 누가 말했는지 대라고 말한 걸까?

학생 그야 본인이 돈을 빌린 건 지극히 사생활이잖아요. 그런데 그걸 누군가가 다른 사람들에게 얘기하고 다니니까 당연히 화가 난 거 아니겠어요?

교장 그럼 만약에 자신이 기부한 사실을 다른 사람에게 전했다 해도 그렇게 화가 났을까? 기부도 사생활인 것 같은데?

학생 그건 아니죠. 그건 감추어야 할 일이 아니라 자랑할 만한 일이잖아요.

교장 내가 돈을 빌리고 못 갚는 것을 왜 감추고 싶은 거지?

학생 돈 꾸고 안 갚는 사람이 되니까요.

교장 나 역시 그렇게 생각해. 이 친구는 자신의 경제 사정을 얘기한 사람이 자신을 망신시키고 있다고 생각한 거지. 나의 의도는 친구의 경제 상황에 대한 진심 어린 걱정이었는데도 말이야. 그 친구는 주변 사람들이 자신을 어떻게 볼까에 초점을 맞추고 있던 거야.

학생 그게 자아정체감과 연관이 있다고 보시는 건가요?

교장 그래. 자아정체감이 있는 사람은 자신의 상황이 그럴 수 있는 것을 인정해. 돈 빌리는 것을 부끄러운 일이라기보다는 경제적인 문제라서 해결해야 할 일로 보게 되지. 그러다 보니 자아정체감이 낮은 경우에는 안타까운 현상이 일어나는 것을 알 수 있어. 어떤 사안이 발생했을 때 사람에게 초점을 맞추는 거야. 나는 돈을 빌린 상황을 물어본 건데 친구는 누가 그랬냐고 물어보는 것처럼 말이야.

학생　왜 그럴까요?

교장　자아정체감은 그냥 나는 나일 뿐이잖아? 그런데 이게 발달하지 못하면 남이 나를 어떻게 보는가에 지나치게 관심을 집중하게 돼. 그래서 누군가가 정말 선의를 가지고 나에게 조언을 해줘도 그 조언의 내용에 관심을 두지 않아. 그보다는 상대가 나를 부족한 사람이라고 생각할까 봐 전전긍긍하게 되지. 따라서 상대가 나를 부족하다고 여겨서 조언하는 것이라고 인식해서 더욱더 상처를 받는 거지. 그리고 조언하는 사람에게 나는 그런 사람이 아니라는 것을 적극적으로 알리기 위해서 타인의 탓으로 돌리게 되지.

학생　그럼, 이 경우에도 자아정체감이 높으면 화가 나거나 상처받지 않는다는 말씀이세요?

교장　전혀 안 받을 수는 없겠지. 하지만 자아정체감이 발달한 사람이 상처를 덜 받는 이유는 어떤 일이 생겼을 때 사람이 아닌 사안에 초점을 맞추기 때문이라고 생각해. 심지어 누군가가 나를 싫어하는 것이 분명하더라도 그것에 상처를 받지는 않는 것 같아.

학생　그게 가능해요?

교장　단지 '상대가 나를 좋아하지는 않는구나.'라고 인지할 뿐이지.

학생　어떻게 그래요?

교장 상처를 받기보다는 오히려 상대가 그렇게 생각할 수도 있
다는 개인의 특성으로 이해하기 때문에 관대할 수 있는
거지. 심지어는 누군가가 나를 괴롭히려는 것을 알게 되
어도 그 사람이 나를 싫어할 수 있다고 생각할 뿐이지. 그
게 나에게 상처를 줄 수 없는 거야. 따라서 나는 강한 사
람으로 살아갈 수 있는 거야.

신나서 이야기하던 교장은 학생의 안색이 갑자기 안 좋아진 것
을 발견했다. 교장은 학생의 변화가 무엇 때문인지 궁금해서 그
이유를 물었다. 그런데 학생은 예상 밖의 답을 했다.

학생 저는 강한 사람이 되기 어려울 것 같아요.
교장 왜 그렇게 생각하니?
학생 선생님의 말씀은 제가 상처를 받은 것이 그 애들에게 원
인이 있는 것이 아니라 저의 자아정체감이 부족해서라는
거잖아요? 그런데 아무리 그 애들이 저와 엄마를 어떻게
생각하든 상관없다고 생각하려고 노력해도요. 그 애들이
저를 경멸하고 저희 엄마를 미친년이라고 욕한 것은 모두
사실이잖아요? 그런데 제가 그 애들에게 초점을 맞추는
것이 저의 자아정체감 부족 때문이라니 너무 황당하지 않
나요? 아니, 가혹하지 않나요?

교장은 학생이 교장이 말하는 모든 이야기를 곧바로 자신이 겪
은 일에 적용하며 듣고 있음을 다시 한번 인식했다. 그 때문에 학

생이 또 다른 상처를 받는 상황이라 교장은 학생에게 단호하게 말할 필요가 있었다.

교장 그건 당연한 거야. 네가 노력한다고 되는 게 아니라고 생각해.

학생 그럼 저는 자아정체감을 만들 수 없다는 건가요? 제가 계속 상처를 받고 살 수밖에 없다는 거예요?

교장 내가 너에게 해줄 수 있는 말은 네가 자아정체감만 만들 수 있다면 너 스스로 너의 문제를 깨끗이 해결할 수 있을 거라는 거야.

변덕스럽다고 느낄 만큼 학생의 얼굴이 금세 환하게 밝아졌다. 교장은 무엇 때문에 학생이 갑자기 편안해졌을까 생각하다가 문제를 깨끗이 해결할 수 있다는 말이 영향을 준 것이 아닌가 생각했다. 그 말만 듣고도 이렇게 편안해지는 것을 보니, 학생이 지금 자신에게 생긴 문제를 얼마나 간절히 해결하고 싶어 하는지 짐작할 수 있었다.

교장 자아정체감이 높은 사람은 다른 사람에게 상처를 줄 확률도 낮아. 그들은 사람이 아닌 사안에 관심을 보이기 때문이지. 다른 사람의 실수나 오류에 대해 '그럴 수 있다.'라는 관점을 갖고 있으니까 말이야. 따라서 자아정체감이 높은 사람은 문제가 발생했을 때, 실수의 내용과 오류의 수정에 초점을 두고 사안을 바라보게 되겠지. 이러한 특성 덕분에 결코 다른 사람을 비판하지 않아. 그저 상대가 실수나 오류를 바로잡도록 조언해 줄 뿐이지. 또 사람에게 초점을 맞추지 않는 이들은 상대에게 상당히 상냥하고 너그러운 태도를 보이는 특성이 있어. 그래서 때로는 실수 때문에 낙담하는 동료에게 '누구나 실수는 할 수 있다.'라고 이야기해 주거나, 자신이 실수했던 경험담을 들려주기도 하는 거야.

학생 저희 아빠가 떠올라요. 아빠는 엄마가 온전치 못하셨지만, 항상 얼마나 친절하게 모든 것을 알려주셨는지 몰라요. 그리고 제가 실수를 해도 누구나 실수를 할 수 있다고 하셨어요. 그리고 상냥하게 어떻게 해야 하는지 말씀해 주셨어요. 언제나 제가 용기를 낼 수 있도록 해주셨어요.

아버지를 떠올리며 이야기하는 학생의 눈과 콧등이 빨개졌다.

교장 그래. 너의 아버지께서 살아계실 때 얼마나 좋은 분이셨는지 충분히 알 수 있을 것 같아.

교장은 진심을 담아 학생에게 말했다. 고개를 숙이고 있는 학생을 보며 '아버지를 많이 그리워하는구나.' 하고 생각했지만, 그 생각을 입 밖으로 내지는 않았다.

교장 아버지께서 네가 실수했을 때 지적하시기보다는 상냥하게 어떻게 해야 하는지 말씀하셨다고 했지? 그때 너는 어떤 마음이 들었어?

학생   아빠에게 고마웠냐는 그런 말씀이세요?

교장   물론 그것도 포함이야. 그리고 아버지의 조언을 듣고 네가 실수하거나 잘못한 부분을 고치려는 생각이 들었냐는 얘기야. 하나 더 추가하면 네가 잘못한 부분을 고치는 데 아버지의 말씀이 도움이 되었냐는 거지.

학생   아빠가 저를 혼내거나 하지 않고, 잘못한 부분만 잘 알려 주셔서 제가 뭘 고쳐야 할지 뚜렷하게 알 수 있었어요. 그래서 아빠에게 항상 고마웠죠.

　기다렸다는 듯 대답한 학생은 아버지에 대해 말할 기회가 생겨 만족스러운 듯 보였다. 교장이 '아버지가 정말 멋진 분이었네.'라고 말하자, 학생의 눈에 눈물이 핑 돌았다. 학생의 아버지는 학생이 중학교를 졸업한 후에 돌아가셨다고 했다. 그렇다면 고등학교 1학년인 학생이 아버지를 잃은 지 1년도 채 안 된 것이다. 교장은 엄마와 동생이 온전치 못한 상황에서 아버지만 의지하고 살았을 학생이 현재 얼마나 외롭고 힘들지 생각했다.

교장   너의 아버지는 자아정체감이 높은 분이었던 것 같아. 그런 사람이 조언해 주면 상대는 그 조언을 듣고 어떤 부분이 문제인지 정확히 알 수 있어. 그리고 문제를 수정할 의사를 충분히 갖게 되지. 또 언제든지 문제가 생기면 그 사람에게 도움을 청할 가능성이 크겠지.

학생   정말 그랬어요.

교장	자아정체감은 인간관계에서 정말이지 가장 중요한 것 같아. 자아정체감이 낮아 상처를 잘 받는 사람은 해당 사안보다 사람에게 초점을 맞추지. 그래서 누군가 실수를 하면 왜 그렇게밖에 할 수 없는지에 대해 화가 나는 거야. 그러면 실수하거나 오류를 낸 동료나 직원을 탓하고 원망할 가능성도 훨씬 더 크지.
학생	근데 그건 인간성의 문제일 수도 있잖아요?
교장	너도 알고 있듯이 자아정체감이란 나는 누구인가야. 이건 바로 남과 다른 나의 독특성을 인정하는 거지. 이 말은 곧 타인의 독특성도 인정하는 것이라고 할 수 있어. 내가 그럴 수 있듯이 남도 그럴 수 있다는 것을 인정하는 것, 그게 바로 자아정체감이야. 그런데 이런 자아정체감이 낮으면 자신과 다른 타인의 다양한 특성이나 행동, 그리고 그 사람에 대해 '어떻게 그럴 수가 있지?'의 관점에서 해석하고 사람을 탓하게 되는 거지. 이런 이유로 자아정체감이 낮은 사람은 상대가 실수하면 화를 내고, 왜 그렇게밖에 할 수 없는지 지적하게 되는 거야. 그래서 어떤 문제가 발생하면 그 모든 책임을 남의 탓으로 돌리게 되지. 이런 일을 겪은 주변인들은 이 사람의 인간성에 문제가 있는 것이 아니냐고 생각할 수 있어. 하지만 이건 인성이 나빠서, 혹은 책임을 전가하기 위해서가 아니야. 자아정체감이 낮은 사람은 실제로 그 모든 원인이 자신이 아닌 다른 사람이나 다른 시스템에 있다고 생각해야만 견딜 수 있는 거야. 항상 다른 사람이 자신을 어떻게 생각하는지

에 관심이 크기 때문에 어떤 문제가 발생했을 때 다른 사람이 자신에게 보낼 비난을 도저히 감당할 수 없는 거지. 이러한 특성으로 이들은 상급자나 동료들의 자신에 대한 평가에 너무 민감해. 그래서 어떤 일이 발생했을 때 그 문제의 원인에 다른 누가 개입되어 있는지를 적극적으로 찾아내고 그를 지목하게 되는 거야.

학생 그렇다면 자아정체감이 낮은 사람이 제게 조언했을 때, 제가 그것에 반대하면 어떻게 될까요?

교장 어떻게 될 것 같니?

학생 거부하거나 다른 의견을 내면 더욱더 심한 상처를 주려고 하겠죠.

교장 왜 그렇게 생각해?

학생 말씀드리기가 좀 그런데요?

교장 왜?

학생 다른 선생님과 있었던 일이 생각나서요.

교장 선생님도 사람이라고 했잖아?

학생 실제로 그런 일이 있었거든요. 제가 중학생일 때요. 수학 시간에 선생님이 칠판에 문제를 풀고 계셨어요. 그런데 제가 생각할 때 그렇게 푸는 방법보다 더 쉬운 방법이 있었거든요. 그래서 선생님께 제 생각을 말씀드렸는데 갑자기 저를 향해 '내가 그 방법을 몰라서 그러는 줄 아니?'라고 하셨어요. 그래서 제가 농담으로 '네.'라고 대답했더니 막 소리를 지르면서 너무 버르장머리가 없다고 화를 심하게 내셨어요.

교장은 학생이 말하는 내용이 그림처럼 그려져서 웃음이 났다.

교장   그 선생님에 대해 어떤 생각이 들었지?

학생   솔직히 말하면 '혹시 정말로 선생님이 내가 제안한 방법
       을 모르시는 건가?' 하는 생각이 들었어요. 저한테 버르장
       머리 없다고 마구 인신공격을 하시니까요.

학생은 자신이 선생님을 흉본다고 생각한 건지 말하는 내내 얼
굴을 붉혔다. 그런데 학생의 말을 들은 교장은 학생이 예상한 것
과는 다른 반응을 보였다.

교장   아마 그럴지도 모르지. 만일 그 선생님이 네가 제안한 문
       제 푸는 방식을 정말 몰랐다면 너에게 어떻게 말씀하시는
       게 좋았을까?

학생은 잠시 생각에 잠겼지만, 그 시간은 그리 오래 걸리지 않
았다.

학생   '그런 방법이 있었네?'라고 하셨으면…… 아니다, '내가 잘
       모르는데 네가 친구들에게 설명 좀 해줄래?'라고 하셨으
       면 더 좋았을 것 같아요.

학생은 마치 구연동화 하듯이 말했다. 그러고는 본인의 대답
이 만족스럽다고 느꼈는지 눈빛을 반짝이며 교장의 대답을 기다

렸다. 교장은 학생에게 엄지손가락을 세워 보이며 말했다.

교장 　그게 바로 자아정체감이 높아야만 보일 수 있는 행동이야.

자아정체감이 높은 사람은
일상생활에서 타인에게 상처를 주거나 갑질을 하지 않는다.
그들은 사람이 아닌 일 또는 사안에 관심을 보인다.
이는 사람의 실수나 오류에 대해
그럴 수 있다는 관점을 갖고 있기 때문이다.
따라서 자아정체감이 높은 사람은 문제가 발생했을 때
실수의 내용과 오류의 수정에 관심을 보이고 사안을 바라보게 된다.
그런 이유로 결코 사람을 비판하지 않고,
담백하게 업무의 오류를 바로잡는 것에 관해 조언할 뿐이다.
또 사람에게 초점을 맞추지 않는 사람들은
상대에게 상당히 상냥하고 너그러운 태도를 보이는 특성이 있다.

-

"상처를 받지 않는 당신이 솔직하게 보인다."

"상처를 드러낸 당신은 존경을 받는다."

"자아정체감이 당신에 대한 불쾌한 결과를
인정할 수 있게 한다."

9

상처받지 않는 당신만이 솔직할 수 있다

교장 내가 학교에서 교사로 근무했을 때의 일이야. 나는 시험 문제를 검토하고 관리하는 업무를 맡고 있었지. 그때 나는 재밌는 현상을 발견했어. 어떤 선생님은 문제를 검토할 필요도 없이 오류가 하나도 없는데, 어떤 선생님은 시험 문제를 낼 때마다 오류가 있는 거야. 그런 선생님은 다음에도 또 오류를 내고, 심지어 몇 번씩 수정을 요청해도 그게 수정되지 않고 오류가 나는 거야. 나는 이런 현상이 나타나는 원인이 선생님이 꼼꼼한 성향인지, 아니면 덜렁거리는 성향인지에 따른 개인적 특성 때문이라고 생각했어.

학생 선생님들도 그렇게 여러 번 틀리기도 하시나요?

교장의 말을 듣던 학생이 신기하다는 듯 눈을 크게 뜨고 물었다.

교장   당연하지. 선생님도 다 같은 인간이잖아. 단지 실수하지 않으려고 최선을 다해 노력할 뿐이지.

학생은 입을 삐죽 내밀었다.

교장   근데 내가 문제 점검을 하고 오류가 있는 선생님께 수정을 권고드리면 선생님에 따라 반응이 두 부류로 나뉘어서 나타났어. 한 부류는 굉장히 망신스러워하면서 변명을 하는 부류야. 시험지 양식에 문제가 있다고 탓하거나, 지금까지 자신은 이러한 실수를 한 적이 없었다고 설명하지. 반면에 다른 한 부류는 실수한 부분이 무엇인지에 관심을 보이고, 자신이 좀 덜렁거린다는 것을 인정해.

교장은 이 이야기를 하다가 갑자기 피식 웃었다. 그 시절에 만났던 한 교사와의 대화가 생각났기 때문이다. 교장이 말을 하다가 갑자기 웃자, 학생은 무엇 때문에 웃는지 궁금해했다.

교장   한번은 시험 문제를 검토했는데, 한 선생님이 낸 문제에 오류가 있어서 그분께 수정해야 할 사항을 말씀드렸지. 그 선생님은 그것을 수정해서 문제지를 제출하셨는데 그 내용에도 또 오류가 있는 거야. 나는 재차 수정을 요구했는데, 다시 수정했는데도 여전히 오류가 발견되었어. 나는 이 선생님께는 좀 꼼꼼하게 검토해 달라고 개인적으로 말씀드려야겠다고 생각했어. 그래서 '선생님, 이번 오류가 세 번째입니다.'라고 조용히 말씀드렸어. 그랬더니 그 선생님이 나에게 귀엣말을 하시는 거야. 뭐라고 하셨을 것 같니?

학생 화를 냈나요?

교장 그랬다면 내 기억에 이렇게 오래 남지 않았겠지. 그 선생님은 내게 '선생님, 이번이 세 번째가 아니라 네 번째예요.'라고 하셨어.

학생이 웃음을 터뜨렸다.

교장 거기서 끝난 게 아니야. 자기는 엄청나게 덜렁거려서 내가 꼼꼼히 점검해 주지 않으면 우리 학교 시험에 큰 사고가 난다고 하는 거야.

학생 솔직하신 분이네요.

교장 솔직한 선생님으로 보이니?

학생 네.

교장 너는 이 사례에서 변명하는 선생님과 솔직히 인정하는 선생님 중 누가 더 마음에 드니?

학생 그야 당연히 인정하는 사람이죠.

교장 그게 재미있는 것 같아. 똑같이, 아니, 심지어 더 덜렁거려도 그걸 인정하는 사람은 매력적으로 보이더라고. 그런데 중요한 것은 자아정체감이 없으면 자신의 잘못을 인정하기 어렵다는 거야. 오히려 인정하지 않는 것을 자존심으로 포장하지. 하지만 자아정체감이 발달한 사람은 다른 사람들이 나를 어떻게 보는가에 신경을 덜 쓰기 때문에 언제나 솔직하게 말할 가능성이 커. 그러면 일상생활에서 어떠한 실수를 하거나 문제가 생겼을 때, 자신에게 불리한 점이 노출될 가능성이 있더라도 그게 사실이라면 있는 그대로 인정하게 되지. 자신에게 문제가 있다는 것에 대해 다른 사람이 어떻게 인식하든, 자신이 실제로 그 문제가 있다는 것을 인정하는 거야. 그래서 그 상황을 숨기거나 거짓말할 이유가 없다고 생각하는 거지. 이러한 태도는 다른 사람들이 볼 때 그들을 솔직한 사람이라고 인식하게 하지.

학생 그럼, 자아정체감이 낮은 사람들은 남이 어떻게 볼까 두려워서 거짓말을 하는 건가요?

교장 나는 자아정체감이 낮은 사람들이 자신의 실수를 숨기고 변명한다고 하더라도 그게 모두 거짓말이라고 생각하지 않아. 악의적으로 남을 속이기 위해 거짓말을 하는 것과 자아정체감이 관련 있는 것은 아니니까 말이야. 그러나 중요한 것은 자아정체감이 낮은 사람들은 자신이 어떤지보다 남들이 자신을 어떻게 보는지에 관심이 집중되기 때문에 상처를 잘 받는다는 거야. 이러한 특성이 자신의 부족한 부분이나 실수한 것을 솔직하게 말하지 못하게 만드는 것 같아.

학생 남들이 어떻게 보는지에 따라 나타나는 증상은 상처가 아니라 두려움이라고 해야 하지 않을까요?

교장   물론 두려움도 근간에 있다고 생각해. 남들이 자신에 대
해 어떻게 생각하는지에 골몰해 있는 사람은 누군가가 자
신의 실수에 대해 아무런 생각을 갖지 않는 상황에서도
자신을 어떻게 볼 것인지 두려워하거든. 남들이 자신을
능력 없는 사람, 안 좋은 사람이라고 생각한다거나 자신
을 싫어하는 것으로 상상하며 상처를 받는 일이 반복되기
도 해.

학생   그러니까 자아정체감이 높은 사람들이 자신의 실수를 솔
직하게 드러낸다는 거잖아요? 이것은 솔직하거나 정직해
서라기보다는 오히려 용기가 있다고 말해야 하는 것 아닌
가요?

교장   아, 그래. 네 말이 맞는 것 같아. 너 혹시 '존 듀이John Dewey'
라고 들어 봤니?

학생   경험이론 학자요?

교장   우아, 대단한데? 그러면 경험주의 이론이 뭔지도 알고 있
니?

학생   설명하는 건 좀 어려워요. 학습은 경험을 통해 이루어진
다는 것 정도죠.

교장   아주 정확히 알고 있네. 인간의 학습은 개인이 경험한 것
이 지식이 되고, 이에 대한 관찰을 통해 행동하고 이것이
또 다른 경험이 되고, 이 경험이 다시 지식이 되는 식으로
이루어진다는 거야. 지식을 근거로 관찰하고, 그것을 기
반으로 행동하게 된다는 것이고, 그게 반복된다는 거지.

학생 그게 무슨 상관이 있다는 말씀이세요?

교장 듀이는 인간의 학습은 경험에 의한 것이라는 사실을 일평생 연구하고 주장한 학자야. 그런 그가 경험이론과 관련해서 생애의 마지막 즈음에 우리에게 중요하게 남긴 말이 있어. 'Every serious-minded person knows that a large part of the effort required in moral discipline consists in the courage needed to acknowledge the unpleasant consequences of one's past and present acts.'

학생 무슨 뜻이죠?

교장 '생각이 깊은 사람이라면 도덕성을 수양하는 데 필요한 노력의 상당 부분이 바로 자신의 과거와 현재 행동으로 야기된 불쾌한 결과를 인정할 수 있는 용기라는 점을 안다.'

학생 자신의 잘못을 인정할 수 있는 용기?

교장 나는 이 문장을 읽고 소름이 돋았지.

학생 듀이는 도덕성으로서의 자아정체감을 이야기하는 건가요?

교장 글쎄. 너는 어떻게 생각하니?

학생 저 역시 그걸 말씀드리는 거예요. 상대가 그럴 수 있다는 독특성을 인정하는 것이 도덕성이라고 보기에는 좀 어렵다는 거죠.

교장 음, 듀이가 도덕성과 자아정체감을 일치시키고 있는 것은 아니라고 생각해. 그러나 듀이의 경험이론에서 학습은 경험을 바탕으로 이루어지잖아? 듀이는 자아정체감을 가진 사람과 아닌 사람은 학습을 할 수 있는 사람인지 아닌지의 근간을 흔드는 문제라고 생각한 게 아닐까 싶어. 듀이는 인간의 경험을 두 가지로 나누고 있어. 직접 체험을 통해 겪은 직접경험과 직접경험하지는 않았더라도 책을 읽거나 영화를 보는 것 등을 통해 얻는 간접경험 말이지. 듀이는 직접경험이든 간접경험이든 모두 다 중요한 학습, 그리고 지식으로 보고 있어. 그런데 중요한 것은 여기서부터인 것 같아. 듀이는 이러한 경험을 일차경험과 이차경험으로 다시 나누고 있거든. 일차경험은 단순히 경험한 결과를 말해. 그리고 이차경험은 자신이 경험한 결과를 스스로 되돌아보는 생각을 통해 그 경험을 교훈으로 삼아서 다음 경험을 해나가는 것을 의미해.

학생   경험한 것을 스스로 되돌아보는 생각이라는 말은 어떤 경험을 한 후에 거기에서 나타난 문제점이 무엇이었는지를 생각하라는 건가요?

교장   그렇다고 볼 수 있어. 듀이는 진정한 경험은 스스로 되돌아보는 이차경험이라고 말했어.

학생   자아정체감은 어떠한 상황을 있는 그대로 인정하는 거잖아요. 그런데 자신이 경험한 것을 그대로 인정하는 것이 아니라, 그 부분을 되돌아보고 다시 생각하는 것이 중요하다는 거네요? 이건 자아정체감의 특성으로 볼 때 모순 아닌가요?

교장은 학생을 향해 잠시 미소를 지어 보이더니 말을 이었다.

교장 　한 교사가 교장실에 들어와서 결재 서류를 내밀었고 나는 결재를 했어. 그런데 그 교사가 갑자기 따지듯 말하는 거야. '교장 선생님, 정말 너무하시는 거 아닌가요? 저를 너무 무시하시는 거 아니세요?'라고 말이야. 나는 뜬금없는 교사의 말에 왜 그렇게 생각하는지 이유를 물었어. 그랬더니 그 교사가 화가 난 얼굴로 말했어. '제가 이 교장실에 들어올 때마다 노크하고 들어오는데도 교장 선생님은 전혀 쳐다보지도 않고 계속 컴퓨터만 보고 계시잖아요? 그건 사람에 대한 예의가 아니죠.' 나는 그 교사에게 미안하다고 사과했는데, 그래도 교사는 심드렁한 표정으로 교장실을 나갔어.

학생 　제가 여기 올 때는 그런 적이 한 번도 없으셨는데요?
교장 　그건 너를 노심초사하며 기다리고 있기 때문이지.

　학생이 어이없다는 듯 큰 소리로 웃었고, 교장은 '진짜야!'라고 다시 크게 말했다.

학생 　그럼 그 교사는 좀 만나고 싶지 않았다는 건가요?

　교장은 손사래를 크게 치며 말했다.

교장 　아니. 그런 적 전혀 없어.
학생 　그런데 왜 그 교사에게는 항상 보는 척조차 안 하신 거죠?

교장   나도 왜 그랬는지 계속 생각해 봤어. 결론은 선생님들이 노크하는 소리를 들었을 때도 내가 너무 일에 집중하고 있기 때문이더라고. 상대가 누구인지 쳐다보기보다는 하던 일을 마저 처리한 후에 인사하자고 생각한 거지. 나는 당장 하지 않으면 잊어버릴 것 같아서 급히 저장이라도 해놓고 상대를 대하려고 했던 거야. 그런데 노크하고 들어온 교사가 봤을 때는 내가 문서만 들여다보고 있으니 너무 불쾌했을 것 같더라고.

학생   그럴 것 같네요. 그런데 이 이야기를 왜 갑자기 꺼내신 건가요? 그게 듀이의 불쾌한 경험을 인정한 사례인가요?

교장   왜 그렇게 생각해?

학생   상대 교사가 기분 상했다는 점을 용기 있게 인정했다는 것 아닌가요?

교장   그 교사가 나 때문에 속상해했고, 내가 사과했던 그 일은 듀이의 경험이론에 의하면 나의 경험이지. 이러한 경험을 통해 나는 학습을 하게 되었어. 누군가가 문을 열었을 때 얼른 아는 척을 안 하면 상대가 기분 상할 수 있으니, 반드시 하던 일을 멈추고 인사해야 한다는 것이지. 그런데 만약 거기서 생각이 멈춘다면 그건 듀이가 말하는 경험이론의 일차학습에 머물러 있는 거야. 나는 누군가와 만나면 인사부터 해야 한다는 것을 알게 된 거지. 그게 나의 지식이 되는 거고.

학생   그거 이외에 뭐가 더 필요한가요? 제가 보기에는 그게 핵심인 것 같은데요?

교장 글쎄. 거기서 머무를 수도 있겠지. 그러나 좀 더 생각해 보면 그 교사와의 경험을 통해 내가 사람보다는 일을 우선으로 여기는 사람이 아니었는지를 되돌아볼 수 있어. 또 역으로 내가 누군가에게 그런 대우를 받으면 어떤 마음일지 생각해 볼 필요도 있어. 단순히 인사를 하고, 안 하고의 문제가 아니라 사람에 대한 존중의 관점으로도 접근할 수 있는 거지. 내가 그 경험을 이런저런 관점에서 되돌아보니 그 교사에게 더욱 미안한 생각이 들었어. 그리고 그 교사뿐 아니라 우리 학교 직원들을 대할 때 그래왔다는 것을 깨닫게 되었어. 나는 마음 깊이 반성했고, 그 후에는 누군가가 교장실에 들어오면 항상 밝게 웃으면서 맞이했어. 상대의 안부도 묻고, 또 일상에 관한 진솔한 대화도 하면서 서로 더 가까워지게 되었어. 그리고 다른 상황에서도 내가 사람보다 일을 더 중요시한 적이 없는지 살펴보게 되었지.

학생 음, 상당히 일리가 있는 것 같아요. 듀이는 되돌아볼 수 있는 것, 자신의 행동에 대해 다시 생각해 보는 것을 도덕성의 기본이라고 생각한 건가요?

교장 듀이가 도덕이론 학자는 아니지. 그런데 듀이는 여기서 매우 중요한 이야기를 하고 있어. 도덕성을 수양하는 데 필요한 노력의 상당 부분은 바로 자신의 과거와 현재 행동으로 야기된 불쾌한 결과를 인정할 수 있는 용기라는 점 말이야. 이 말은 내가 나의 실수나 잘못을 솔직히 있는 그대로 인정하는 것을 말하는 거야. 그리고 너도 알다시

피 그런 것을 가능하게 하는 게 바로 자아정체감인 거지. 다른 사람이 그럴 수 있다는 것, 나도 그럴 수 있다는 것, 그것을 인정해야 인간은 비로소 솔직해질 수 있는 거니까. 그래야 사람에 초점을 맞추지 않고, 현재 자신에게 나타난 사안에 관심을 두고 해결해 나갈 수 있는 거지.

자아정체감이 있는 사람은 자신이 그럴 수 있듯이
다른 사람도 그럴 수 있다는 것을 안다.
따라서 자신의 실수나 잘못에 대해
부끄러워하거나 자책하지 않고 해결 방안만을 생각하며,
다른 사람에게도 상당히 너그럽다.
이러한 사람은 항상 솔직하게 자신의 문제를 인정하며,
잘못한 것을 감추려고 하지 않는다.
그리고 다른 사람의 실수도 비난하지 않고 관대하게 해결해 나간다.

"자아가 발달한 당신은 사람이 아닌
사안에 초점을 둔다."

"자아가 발달한 당신은 동료에게 상처를 주지 않는다."

"당신은 상처를 잘 받는 동료를 만나도 강하다."

10

자아가 발달한 당신은 승승장구한다

학생 자아정체감이 높은 사람이 직장에서도 성공한다고 하셨잖아요. 연봉도 높고요.

교장 응. 그렇게 생각해.

학생 저는 그 이유를 알 수 있을 것 같아요.

교장 그 이유가 뭐라고 생각하는데?

학생 제 생각에 자아정체감이 높은 사람은 언제나 친절하고 솔직해 보이기 때문에 다른 사람들에게 인기가 좋을 것 같아요. 그렇다 보니 서로 이 사람과 같이 일하려고 할 거 아니에요?

교장 그래. 상당히 일리가 있어. 자아정체감이 높아서 상처받지 않는 사람은 회사에서도 성과를 잘 내고, 잘나가게 되어 있어.

학생　상처를 받지 않는 사람은 승진이 잘 된다는 거잖아요? 근데 그렇다는 증거가 있나요?

교장은 잠시 생각하다가 갑자기 빙그레 웃고는 한 일화를 이야기하기 시작했다.

교장　내가 교사로 근무할 때였어. 교감 선생님이 발령을 받아 오셨는데 우리 교사들이 볼 때 그분은 업무에 관한 전문성이 부족하고, 열정도 없는 분이라고 생각했어. 그런데 그분은 어떤 한 선생님에 대해 유난히 관심을 보이고 집요하게 심통을 부렸어. 그렇게 느꼈던 이유는 그 선생님이 계획서를 작성해서 결재를 올리면 절대로 그냥 넘어가는 일이 없고 반드시 꼬투리를 잡아서 몇 번이고 다시 작성하게 했거든. 사실 그 선생님은 그 분야에서 전문가라고 정평이 나 있는 사람이었어. 그래서 다른 교사들은 실력도 없는 교감 선생님이 그 선생님을 싫어해서 그렇게 골탕을 먹인다고 생각했지. 그런데 놀라운 것은 그 선생님은 교감 선생님이 자신이 작성한 계획안에 대해 억지스럽게 계속 수정 요구를 해도 전혀 화를 안 냈다는 거야. 그저 묵묵히 여러 번에 걸쳐 계획안을 다시 수정했어. 나는 그런 태도가 존경스럽고 신기해서 그 선생님께 어떻게 그렇게 할 수 있는지, 그 비결이 무엇인지 물어본 적이 있어. 그랬더니 그 선생님은 너무나 당연하다는 듯 대답했지. '교감 선생님이 나를 좋아하지 않는 것도 알고, 여러 번 계획안을 다시 쓰도록 요구하는 것도 알고 있어요. 그런데 제가 그 일을 여러 번 다시 하는 이유는 교감 선생님이 구체적으로 무엇을 지적하는지를 자세히 들여다보고, 그 부분을 더 좋게 수정해서 누구나 마음에 들게 해보고 싶기 때문이에요.'라고 말이야.

학생 그건 자아정체감이 아니라 인내심 아닌가요?

교장 인내심으로 보일 수도 있지. 하지만 난 인내심과는 좀 다르다고 생각해. 인내라고 하는 것은 힘들고 어렵지만 참고 계속하는 거니까.

학생 교감 선생님이 계획안을 다시 써오라고 계속 요구했을 때 힘들어도 참고 계속하는 것, 그게 인내가 아니라는 말씀이세요?

교장 물론 계획안을 여러 번 다시 쓰는 것은 힘들겠지만 참고 견디는 인내와는 다른 상태라고 생각해. 교감 선생님의 태도가 부당하지만, 자신의 목적을 위해서 참고 견디는 그런 상태가 아니라는 거야. 여기서는 다른 사람이 내 계획안에 문제를 제기했다면, 그 부분을 자세히 들여다보고 문제가 없는지 검토해서 다시 수정하는 것뿐이지. 이걸 인내라고 할 수 있을까? 인내가 아닌 당연한 업무로 받아들이는 거지.

학생 교감 선생님은 그 교사가 싫어서 괴롭힌 거고, 이건 문제가 있는 거잖아요?

교장 예리한 지적이야.

학생 저는 교감 선생님이 개인적인 감정으로 갑질을 했다고 봐요.

교장 맞아. 교감 선생님이 그 교사를 미워해서 계속 그러한 행위를 했다면 그건 갑질이라고 볼 수 있어. 그런데 나는 그 교감 선생님이 어떤 생각으로 그랬는지는 알 수 없어. 그리고 그가 결코 잘했다는 것이 아니야. 물론 이런 경우에 어떤 교사는 그 교감 선생님이 갑질을 했다는 증거를 잡아서 상급 기관에 고발할 수도 있겠지. 이 경우 고발인의 관점은 교감 선생님이 나라는 인간에게 갑질을 하고 있다고 보는 것이지. 그런데 좀 전에 내가 예로 들었던 그 선생님은 교감 선생님께 '기획안을 다시 작성하라.'라는 요구를 받았을 때 구체적으로 어떤 부분을 다시 작성하라고 하는 것인지, 즉 사안에 관심을 두었어. 그 교감 선생님이 자신을 싫어하고 좋아하고는 그 사람 마음이라고 생각한 거지.

학생 어차피 교감 선생님하고 잘 지내야 하니까, 그 선생님이 그 상황을 어쩔 수 없이 받아들인 거라고는 생각하지 않으세요?

교장 그래. 그럴 수도 있겠지. 그런데 그 선생님은 나의 질문에 그런 식으로 대답한 적이 없었어. 자신에게 지나친 요구를 하는 교감 선생님이라는 사람보다는 교감 선생님이 요구하는 일이 구체적으로 무엇인가에 초점을 맞췄다는 사실이야.

학생 교감이라는 사람보다는 자신에게 요구하는 일이 구체적으로 무엇인가에 초점을 맞춘다고요?

교장 교감 선생님이 나라는 사람을 싫어해서 계속 결재를 안 해준다는 것을 인정하는 거지. 교감 선생님이 자신을 좋아하지 않는 것을 느낌으로 알았지만, 그건 그 사람 마음이라는 거야. 중요한 건 교감 선생님이 자신이 작성한 계획안 중 어느 부분을 지적하고 있는지에 관심을 두고, 그것을 수정하려고 노력한다는 거지.

교장은 잠시 생각에 잠기는 듯했다. 그러다 다른 일화를 떠올리고는 말을 시작했다.

교장 한 선생님이 강사를 초대해서 학생들에게 강의를 제공하는 업무를 했었어. 그런데 그 일을 수행하기 위해서는 먼저 해야 할 일이 있어. 어떠한 주제의 강의를, 언제, 어디서, 누구를 대상으로, 어떤 강사를, 얼마의 강의료로 진행할 것인지 미리 계획을 세워야 해. 그런 다음 계획안을 결재받고 시행해야 하지. 그런데 그 선생님은 그 업무를 할 때마다 아무런 계획과 결재 없이 강사를 초빙했어. 그리고 강사의 강의가 다 끝난 후에 계획안을 작성한 거야.

학생 순서가 완전히 바뀐 거네요?

교장 그렇지. 계획이라는 것은 어떤 일을 하기 전에 세우는 것이지. 끝나고 세우는 것은 무용지물이잖아. 나는 그 선생님이 그렇게 할 때마다 미팅을 요구해서 해당 사안이 왜 문제가 있는지를 설명해 드렸어. 얼마 전에도 그런 일이 있었거든? 그래서 또 설명해 드리며 추후 그렇게 진행되지 않도록 요청을 드렸지. 그런데 설명이 끝나고, 나는 그 선생님의 반응에 놀랐어.

학생 화를 냈나요?

교장 아니. '교장 선생님이 속상하신 것 같아 제가 들어드렸다.' 라고 말씀하셨지.

학생 음, 업무가 아닌 사람과의 관계로 받아들인 거네요?

교장 그렇지. 내가 바쁜 와중에 그 선생님에게 일부러 시간을 내서 그런 이야기를 하는 것은 쉬운 일이 아니지. 그런데 그 선생님은 내가 일의 오류가 아닌 자신에 대해 지적한 다고 생각한 거지.

학생 하지만 교장 선생님이 속상하신 것 같아 들어드렸다는 말이 교장 선생님이 자신을 지적한다고 느낀 것으로 단정하기는 좀 어렵지 않을까요?

교장 물론 그럴 수도 있지. 그러나 좀 더 확실하게 알게 된 계기가 있었거든. 그 선생님이 내가 자신을 괴롭히는 것으로 인식해서 고통받고 있다는 것을 알게 된 일이 있었어. 어느 날 부장 교사가 교장실로 와서는 그 선생님이 교장인 나 때문에 너무 힘들어서 다른 학교로 가고 싶어 한다고 말씀하셨어. 그런데 그 선생님이 공모 교사라서 그게 어렵다고 하니 그분이 다른 학교로 갈 수 있도록 허락해 주시는 게 어떠냐고.

학생 공모 교사가 뭐예요?

교장   우리 학교에 근무하기를 원하는 선생님들을 대상으로 심사를 해서 교육청에 본교 발령을 요청하는 거지. 특별한 사안이 없는 한, 한 번 오시면 4년간은 반드시 해당 학교에서 근무해야 하는 조건이야.

학생   그럼, 그 선생님이 이 학교를 떠나려면 교장 선생님의 허락을 받아야 갈 수 있나요?

교장   아니. 학부모 대표와 교사 대표가 포함된 학교운영위원회에서 심의를 거쳐야 하지. 그런데 실제 운영위원회에 사정을 이야기하면 현실적으로 막지는 않아. 사실, 선생님들마다 각자의 사정이 있어서 한 학교에서 근무를 계속 못 할 수도 있으니까 말이야.

학생   그래서 그 선생님은 다른 학교로 가셨어요?

교장   그분이 다른 학교로 전보서를 내지 않았어.

학생   왜죠?

교장   일단 나는 직원 조회 때 공모로 오신 교사들이 힘들 경우 다른 학교로 가실 수 있도록 문이 열려 있다는 사실을 안내해 드렸어.

학생   가신 선생님이 있나요?

교장   그 선생님뿐 아니라 다른 분도 없었어.

학생   그 선생님이 다른 학교로 가지 않으신 이유는 뭐죠? 본인이 원했잖아요.

교장   희망하지 않으셨어.

학생   그럼, 그 선생님은 왜 떠나고 싶다고 다른 분들에게 하소연하셨던 거죠?

교장   진짜 떠나고 싶어서가 아니라 자신이 얼마나 힘든지, 떠
나고 싶을 정도로 힘든 상황이라는 것을 동료에게 알리고
싶었던 게 아닐까 싶어. 여러 번에 걸쳐 교장으로부터 결
재 절차 준수에 관해 안내받은 상황을 교사 본인을 지적
한 것으로 생각한 거겠지.

학생   누군가 자신에게 조언했을 때 자신을 지적하는 것으로 받
아들이느냐, 아니면 그냥 업무로 받아들이냐는 큰 차이를
만들어낼 것 같아요. 선생님은 자아정체감이 높은 사람
은 다른 사람에게 상처를 주지 않는다고 하셨죠. 그리고
그런 사람들은 사람보다 사안에 초점을 맞추기 때문에 다
른 사람이 실수해도 상대에게 관대하다고 하셨어요. 또
그 반대의 경우도 있고요. 그런데 현실적으로 직장에서
자아정체감이 높은 사람을 만나는 것은 운에 맡겨야 하지
않나요? 같이 근무할 사람이 어떤 사람일지는 겪어 보지
않고는 알 수 없는 일이잖아요.

교장   그래. 네 말이 맞아. 우리가 인생에서 어떤 사람과 함께하
게 될지, 그 사람이 자아정체감이 있을지의 여부는 운인
것 같아. 그런데 자아정체감이 높은 사람과 일하지 못한
다고 해서 다 문제가 생기는 것은 아니라고 생각해. 중요
한 것은 결국 나의 자아정체감이야. 만약 상급자가 자아
정체감이 낮다 하더라도 하급자가 자아정체감이 높다면,
그 사람은 빠르게 업무를 익히고, 상급자에게 인정받을
확률이 매우 높아. 낙하산으로 입사한 상급자가 하급자
인 나를 마음에 들어 하지 않는다고 생각해 보자. 이 경우

상급자가 베테랑인 나의 기획안을 지적하며 계속 반려하더라도 나는 특별히 상처받거나 화가 나지는 않을 거야. 단지 상급자가 나를 좋아하지 않는다는 것과 그게 상급자의 특성이라는 것을 인정할 뿐이지. 내가 관심 있는 것은 상급자가 나라는 사람에 대해 어떻게 생각하는지가 아닌 거야. 상급자가 내가 수행한 업무 중 구체적으로 어떤 내용에 불만이 있는지에 관심이 있는 거지. 그래서 상급자가 지적하는 그 내용을 수정해서 새로운 기획안에 반영하고자 노력할 뿐이야. 이런 이유로 나의 기획안을 상급자가 여러 번 반려하더라도 나는 그저 그 내용에 지속적인 관심을 두고 일을 수행할 뿐인 거야.

학생   알 것 같아요. 그렇게 지적받은 일을 계속 다시 하는 사람은 그 분야의 최고가 되는 거 아닌가요? 상급자의 마음에 들도록 계속 다양한 방법으로 다시 하다 보면 말이에요.

교장   바로 그거야. 상처를 받지 않고 수없이 다시 업무를 수행하는 과정에서 그 사람은 해당 분야의 전문가로 성장할 가능성이 매우 커. 그리고 상대를 괴롭히던 상급자는 어떠한 고통을 줘도 업무를 적극적으로 수행하는 하급자에게 감동하게 되어 있어. 그리고 상급자는 누군가로부터 그 분야에서 전문가를 추천해 달라는 요구를 받으면 망설이지 않고 자신이 괴롭혔던 그 사람을 추천하게 되는 거야. 내가 아까 사례로 이야기했던 그 교사에게도 굉장히 놀라운 기적이 일어났어. 교사를 계속 괴롭혔던 교감 선생님이 어느 날부터 그 교사를 가장 많이 칭찬하셨어. 그리고 어느 순간부터는 학교의 중요한 업무를 다 맡기시고는 점검도 하지 않을 만큼 신뢰하셨어. 그리고 교육청에서 학교에 자유학기제 관련 전문가를 추천해달라고 요구했는데, 놀랍게도 교감 선생님은 그 교사를 기꺼이 추천했어.

학생 저는 선생님 말씀에 완전히 동의해요. 그런데도 여전히 의문이 남아요. 상급자가 업무가 아닌 일로 계속 지적을 해도 하급자는 아무 말 없이 그 일을 해야 하는 걸까요? 그게 맞나요?

교장 아니. 그래서는 안 된다고 생각해. 예를 들어 교사가 교육과 관련된 업무가 아니거나, 부당한 일로 괴롭힘을 당한다면 절대로 참지 말아야 한다고 생각해. 그런데 업무에 대한 수정 요구를 부당한 것으로 받아들일지의 문제가 생기지. 그것을 일로 받아들일 것인지, 사람에 대한 공격으로 받아들일 것인지의 선택 말이야. 그 선택을 좌우하는 요인이 바로 자아정체감이라고 생각해. 업무가 아닌 일로 부당한 요구를 한다면 참을 수 없겠지. 그건 정말 갑질이니까. 그런데 부당한 일을 거절하기 위해서도 반드시 자아정체감이 발달해야 해. 상급자가 나를 어떻게 생각하는지와 관계없이 아닌 것은 아니라고 거절할 수 있는 용기, 그 용기는 바로 자아정체감에서 나오는 것이니까.

낙하산으로 온 상급자가

당신을 업무에서 일부러 배제하거나 골탕을 먹일 수 있다.

이 경우 당신의 자아정체감이 발달했다면

단지 귀찮을 수는 있지만, 고통받지는 않는다.

상급자가 당신을 싫어한다는 점을 인정하고 있고,

당신을 어떻게 보든 중요하지 않기에 굽신거릴 이유도 없다.

상급자가 당신을 좋아하든 싫어하든

그것은 그 사람의 특성일 뿐이다.

"인내와 자아정체감은 완전히 다르다."

"자아정체감이 없는 당신은 결코 상처를 피할 수 없다."

"타인이 당신을 비난해도 괜찮다."

11

상처를 받지 않는 강한 자아를 기르려는 당신

교장 양복 기능장으로 우리나라에서 최고의 실력을 인정받아서 명장으로 선정되신 분이 있어. 놀랍게도 그분은 국민학교, 아니 지금으로 말하면 초등학교만 졸업하셨어. 명장이 세 살 때 아버지가 돌아가셨고, 어머니가 명장과 연년생인 남동생들을 키우셨는데 집이 찢어지게 가난했지. 방이 두 칸인 낡은 집에 살고 있었는데, 형편이 너무 어렵다 보니 방 한 칸을 월세로 놓았어. 그런데 마침 그 방에 양복을 만드는 사람, 일명 양복쟁이라고 불리는 분이 들어와 살게 된 거야. 명장이 초등학교 졸업을 앞둔 어느 날, 어머니가 아이를 불러서는 중학교 입학금이 없어서 학교를 보낼 수 없으니 옆방 양복쟁이를 따라 서울로 올라가 취직을 하라고 하셨어. 아이는 중학교에 꼭 가고 싶어서 어머니께 울며 고집을 부렸지. 그러자 어머니는 아이를 부둥켜안고 한없이 우시면서 '너는 아빠가 없는 우리 집에 가장이고, 네가 돈을 벌어서 동생들이라도 가르쳐야 한다.'라고 말씀하셨어. 아이는 울고 있는 엄마가 너무 가엽고 그 마음을 잘 알기에 양복쟁이를 따라 서울로 올라갔지.

이 이야기를 듣던 학생이 눈물을 흘려서 교장은 잠시 말을 멈추었다. 학생은 휴지가 있는 테이블로 걸어가 코를 풀고는 다시 의자로 돌아와서 앉았다. 학생이 울지 않은 사람처럼 억지로 밝은 표정을 지으려고 애쓰는 것이 보였다. 그리고 학생이 먼저 침묵을 깼다.

학생   열심히 일해서 명장이 된 건가요?

교장   초등학교만 졸업한 아이가 열심히 일한다고 해서 명장이 되는 것은 불가능에 가깝지. 바느질은커녕 어떤 재능이나 기술이 없다 보니 매일 혼나고 심지어 매를 맞기도 하면서 잡일을 도맡아 하는 상황이었어. 특히 2년 일찍 들어온 선임이 있었는데 굉장히 까다롭게 굴며 하루도 혼내지 않는 날이 없었지. 이런 고통을 겪을 때마다 아이는 정말 견디기 어려웠지만, 오직 자신을 끌어안고 우시던 엄마의 모습을 생각하며 참고 또 참았어. 선임이 끝없이 질책해도 단 한마디 불평 없이 요구하는 대로 계속 수십 번

옷본을 만들고, 바느질을 했지. 그리고 그는 먼 훗날 우리 나라 최고의 명장이 되어 있었어.

학생 감동적인 얘기네요. 선생님은 명장이 자아정체감이 있어서 성공했다고 보시는 건가요?

교장 아이가 자신을 괴롭히고 혼내는 선임을 원망하면서도 일을 그만두지 못한 것은 자아정체감이 발달해서가 아니었을 거야. 단지 어머니를 생각해서 그런 것이겠지.

학생 그건 인내지 자아정체감은 아니라고 생각되는데요?

교장 네 말이 맞아. 명장이 어린 시절 보인 행동은 억지로 참고 견뎌 내는 인내에 해당하지. 그런데 놀라운 것은 실제 아이가 보였던 행동들은 자아정체감이 있어야만 나타날 수 있는 것이라는 점이야.

학생 왜 그렇게 생각하세요?

교장 선임이 그렇게 힘들게 했는데도 어린아이가 오랜 세월 동안 일할 수 있던 건 인내만으로는 너무 힘든 일이니까.

학생 그건 엄마의 부탁 때문이겠죠.

교장 나도 그렇게 생각해. 자아정체감이 없는 어린아이가 고통을 참고 인내하는 것은 거의 불가능에 가까운 일이니까. 울며 동생들을 돌봐 달라고 부탁하셨던 어머니에 대한 사랑이 어린아이가 그런 생활을 견딜 수 있도록 지탱한 거지.

학생 자아정체감이 없어도 끝내 명장이 된 거네요?

교장 그래. 그러나 자아정체감이 없는 아이가 그 고통을 견디기 위해서는 끝없는 인내가 필요했겠지. 자아정체감이 있는 사람은 상급자의 지적이나 동료의 조언을 단지 일로 받아들일 힘이 있지. 이 경우 상급자가 일을 다시 해오라고 하거나, 더 많은 일을 하라고 해도 하급자는 최소한 그 일 때문에 화가 나지는 않아. 그런데 자아정체감이 없는 사람들 대부분은 일을 더 해야 하는 것보다 상급자가 자신을 괴롭힌다고 생각하는 그 상황 때문에 견디기 힘들어 하는 거야. 그러니까 자아정체감이 없는 아이가 이 상황을 이겨 낸 것은 정말 대단한 거지.

학생 상급자가 괴롭힌다고 생각한 것이 아니라 실제 괴롭힌 거 잖아요?

교장 그래, 맞아. 그런데 중요한 것은 이런 심각한 상황에서도 어떤 사람은 어느 직장에서든 매우 잘 적응하고 편안한 마음으로 지낸다는 거야. 그리고 어떤 사람은 어느 직장에서 일하든 항상 상급자에 대해 고통을 호소하지. 그리고 어디서 일하든 여기저기 상대를 고발하면서 병들어가는 사람이 있어. 자아정체감이 낮은 사람은 자신을 진심으로 돕기 위해 상담해 주는 상급자나 동료들에 대해서도 자신을 공격한다고 받아들이고, 조언을 받은 것에 대해 망신스러워하기도 해. 이미 여러 번 말했듯이 이들은 일이 아니라 사람, 즉 자신에게 그러는 것으로 받아들이는 거지. 그렇다면 그런 사람에게 업무 관계에서 오해를 받았던 상급자, 동료, 하급자들은 어떨까? 시간이 지날수록 그 사람의 업무에 도움 주는 것을 꺼리거나, 함께 일하는 것을 부담스럽게 느끼게 되겠지. 이런 이유로 자아정체감이 낮은 사람은 그 업무를 수행할 때 매우 어려움을 겪게 되지. 그러나 자아정체감이 발달한 사람은 실제 괴롭힘을 받는데도 인내하며 고통받지 않는 척을 하는 게 아니야. 정말로 아무렇지 않은 거야. 이건 정말 강한 사람이라고 볼 수 있지.

한동안 교장과의 대화에서 특별히 이의를 제기하지 않던 학생이 침착하게 가라앉은 목소리로 교장에게 말을 꺼냈다.

학생 선생님, 저는 지금까지 선생님과 상담하면서 자아정체감을 길러야 상처받지 않는다는 것을 알게 되었어요. 그런데 그동안 자아정체감이 얼마나 중요한지, 자아정체감이 있는 사람은 무엇이 다른지에 관해서만 얘기를 나눈 것 같아요. 저는 선생님께서 저에게 주시려는 메시지가 자아정체감을 길러서 다른 사람을 신경 쓰지 않는 생활을 하라는 것이라는 생각이 드는데요. 맞나요? 그렇다면 그건 아무 소용없는 일이에요. 저는 지금 두려워서 학교도 못 다니고 있어요. 그런데 그 애들은 전혀 죄책감도 없이 학교를 잘만 다니고 있잖아요? 저를 보호해 줄 사람은 이 세상에 아무도 없어요. 선생님과의 상담이 열 번이나 지났지만 실제로 저에게는 달라진 게 아무것도 없어요.

교장은 학생이 이 대화의 과정을 상담으로 표현하는 것이 특히 귀에 들어왔다. 학생은 교장이 자신의 눈을 바라봐도 전혀 눈길

을 피하지 않았다. 오히려 무언가를 갈구하는 눈빛으로 교장을
또렷이 응시하고 있었다.

학생   제 곁에 누가 있나요?

'누가'라는 단어에 힘을 주어 말하는 학생을 보며 교장은 '내가
있잖아.'라고 말하고 싶은 충동이 일어났지만 표현하지는 않았다.

교장   어떤 점이 학교를 못 올 만큼 두려운 거니?
학생   선생님, 제가 왜 학교에 못 나오는지 까먹으셨어요?

학생은 매우 냉소적으로 말했다. 이에 교장은 질문을 수정해
서 다시 물었다.

교장   네가 학교에도 다니지 못할 만큼 정말 진심으로 두려운
         게 뭔지 묻는 거야.

교장은 말을 하면서 학생이 '그 질문이 그 질문 아니냐?'고 또
화를 내면 어쩌나 생각하면서 학생의 얼굴을 주시했다. 그런데
학생은 아무 말도 하지 않고 갑자기 눈물을 흘렸다. 교장은 예상
치 못한 학생의 눈물에 당황해서 휴지를 뽑아 학생에게 건넸다.
그런데 학생의 눈물이 쉽게 멈추지 않아서 교장은 그녀 앞에 차
가운 물을 한 잔 가져다 놓았다. 교장은 '학생이 두려워하는 것을
다시 생각하는 것만으로도 이렇게 고통스러운 건가.' 하고 생각

했다. 다행히 학생은 눈물을 멈추었고, 한동안 말이 없다가 생각을 정리한 듯 입을 열었다.

학생 선생님 말씀을 듣고 가만히 생각해 보니, 단순히 그 애들의 말 때문에 무섭고 두려운 건 아닌 것 같아요. 저는 가족들을 보살펴 주시던 아빠가 계실 때도 많이 가난하게 살았어요. 아빠는 폐휴지를 줍는 일을 하셨는데, 생활이 정말 힘들었어요. 그렇지만 저는 친구들에게 저의 이런 모습을 절대 내색하지 않고 잘 지냈어요. 기초생활수급자로 학교에서 학비를 지원받는 것이 저에게는 가장 큰 비밀이었어요. 그리고 학교에서 방과후학교 비용을 무료로 지원해 준다 했지만 저는 절대 희망하지 않았어요.

학생은 그때가 떠올랐는지 한동안 말을 잇지 못하고 계속 눈물을 흘렸다.

학생 그건 제가 가난하다는 걸 모든 애들한테 알리는 거니까요. 담임 선생님은 저보고 왜 방과후학교를 공짜로 할 수 있는데 안 하냐고 물으셨지만 전 절대 안 했어요. 저는 제가 어렵게 산다는 걸 누가 아는 것이 더 싫었거든요.

학생이 말을 하다가 갑자기 중단했다. 교장은 학생이 다시 말을 시작할 때까지 기다려야겠다고 생각했다. 그때 학생이 숨을 크게 몰아쉰 후 이야기를 시작했다.

학생 저의 엄마와 동생이 정신적으로 건강하지 못하잖아요? 저는 엄마와 동생을 사랑하지만 다른 사람들이 그 사실을 아는 게 제일 싫었어요. 그래서 가짜라도 메이커 신발을 신고, 집도 잘 사는 것처럼 꾸며서 친구들에게 이야기했어요. 우리 집이 아주 풍족한 것처럼 습관처럼 얘기했어요. 그리고 다른 애들보다 공부도 더 열심히 해서 항상 1등을 놓치지 않았죠. 그런데 친구들이 이 사실을 다 알아버린 거예요. 그 애들은 다 엄청나게 잘사는데, 저는 아빠도 없는 소녀 가장에 엄마까지 그렇다는 게 알려진 거예요.

교장 네가 두려운 것은 친구들이 너를 비난하는 것이 아니라, 너의 가정에 대해 친구들이 알게 된 거니?

학생 아니, 둘 다죠. 그 애들이 저를 얼마나 우습게 보겠어요? 그 애들을 다시 만날 생각을 하면 심장이 떨려요. 학교에 가는 건 상상할 수도 없어요. 이렇게 선생님을 만나러 올 때도 그 애들을 피해서 와요. 혹시라도 만날까 봐 얼굴이 안 보이게 모자도 눌러쓰는 거예요.

교장은 학생이 왜 그토록 검은색 모자를 고집하는지 의문이 풀렸다.

학생 그리고 더 화나는 건요. 제가 가난한 집에서, 아픈 엄마한테서 태어나고 싶어서 태어난 것도 아니잖아요. 그런데 왜 놀림과 비난의 대상이 되어야 하는지 너무 분하고 억울해요.

한참 말을 쏟아 낸 학생은 조용히 앉아 있었다. 이제 눈물은 흘리지 않았다. 교장 역시 한동안 아무 말도 하지 않았다. 특별히 어떤 말이나 위로를 한다고 해서 도움이 되지는 않을 것 같았기 때문이다.

학생   선생님은 아마도 제가 다른 사람의 시선을 신경 쓰는 것이 문제라고 생각하시겠지요. 그 애들이 저를 어떻게 생각하든지, 제가 신경을 안 쓰면 되는 것 아니냐고요. 그러면 상처를 전혀 안 받을 거라고 말하고 싶으신 거 아니에요?

학생의 눈과 코가 빨갛게 부은 것처럼 보였다. 한 아이가 이토록 혼자 힘들어하는 것이 한눈에 들어왔다. 교장은 지금 학생이 말한 내용을 인정하면 그녀가 더 화를 낼지도 모른다고 생각해 대답하지 말까 하고 잠시 고민했다. 그러나 교장은 사실을 말해야 했다.

교장   그래. 그게 가장 좋은 방법이긴 하지.

학생   저도 선생님과 만나면서 노력을 안 한 게 아니에요. 그 애들이 저를 어떻게 생각하든 신경 쓰지 말자고 계속 주문을 외우기도 했어요. 그런데 그렇게 할수록 더 생각나고, 괴롭고, 신경이 쓰이는 거예요. 그래서 너무 화가 나고, 이제 어떤 방법도 없는 것 같아요.

교장   너도 알듯이 지금까지 나는 자아정체감이 인간의 상처에 정말 지대한 영향을 미친다는 점에 대해 누누이 강조했어. 또한 자아정체감이 발달하면 나타나는 여러 가지 특성에 관해 얘기했지. 그 과정에서 너는 이제 더는 상처받지 않기 위해 노력해야겠다고 결심했을지도 몰라. 또 자아정체감이 높은 사람들처럼 자신을 변화시켜야겠다고 다짐했을 수도 있지.

학생   솔직히 그래요.

교장   그런데 유감스럽게도 자아정체감이 낮은 사람이 자신의 문제를 해결하고자 노력한다고 해서 상처를 없앨 수 있는 것은 아닌 것 같아. 자신의 마음을 속이고 남의 시선에 관심이 없는 척, 사람보다는 사안에 관심이 있는 척 행동하는 것뿐이잖아. 그렇게 하면 문제를 해결하는 데 일부 도움은 되겠지. 하지만 우리가 상처받지 않기 위해 진짜 필요한 것은 정말로 자아정체감을 갖게 되는 거야.

자아정체감이 낮은 사람은 다른 사람이 자신을

진심으로 돕기 위해 조언해 주는 것도

자신을 공격하는 것으로 받아들이거나

조언을 받은 것에 대해 망신스러워한다.

이들은 상대가 일이 아니라 사람,

즉 자신에게 그러는 것으로 느끼기 때문이다.

그런데 중요한 것은

이들에게 업무에 관해 조언하다가 오해를 받은 사람들은

이후 그 사람에게 도움 주는 것을 꺼리고,

함께 일하는 것을 부담스럽게 생각하게 된다는 것이다.

이런 이유로 자아정체감이 낮은 사람은

주변 사람들에게 도움을 받지 못하게 된다.

“당신은 이제 좋은 사람이 아니어도 된다.”

“당신의 자아개념은 타인에 의해 만들어진다.”

“긍정적 자아개념이 극도로 발달한 당신은
타인에게 피해를 준다.”

12

당신은 좋은 사람인가?

교장   너는 너를 괜찮은 사람으로 생각하니? 아니면, 문제가 있
      는 사람으로 생각하니?

교장의 질문을 받은 학생은 뜬금없다는 듯 검지로 입술을 좌우
로 비비며 눈을 크게 떴다가 이내 진지해졌다.

학생   그런대로 괜찮은 사람이라고 생각해요.
교장   어떤 점이 괜찮니?
학생   공부도 잘하고…….

학생은 수줍게 대답하다가 말꼬리를 흐렸다.

교장   너에게 자아정체감이 생기는 비밀에 대해 특별히 말해 줄
게. 이건 내가 알게 된 건데, 아직 전 세계 어디서도 공개
되지 않은 비밀이야.

학생이 피식 웃었고, 교장도 크게 웃음을 터뜨렸다.

교장   상처받지 않는 자아는 '내가 나를 어떤 사람이라고 생각
하는가.'에서 시작되는 것 같아.

새로운 내용을 기대한 학생은 실망했다. 교장이 또다시 지금
까지 얘기했던 자아정체감 이야기를 한다고 생각했기 때문이다.
학생은 힘이 빠진 말투로 교장에게 질문했다.

학생   '내가 나를 어떤 사람이라고 생각하는가.'라고 하면, 다시
자아정체감을 말씀하시는 건가요?

교장은 머리를 가로저었다.

교장   이건 네가 가진 다양한 특성을 객관적으로 이해하는 자
아정체감을 의미하는 것이 결코 아니야. 여기서 '내가 나
를 어떻게 생각하는가?'라는 질문은 나 자신을 좋은 사람,
매력 있는 사람, 괜찮은 사람으로 보는지, 아니면 나쁜 사
람, 매력이 없는 사람, 문제가 있는 사람으로 보는지에 대
한 선택의 관점이야. 따라서 이건 나에 대한 총체적인 평

가가 긍정적인지, 아니면 부정적인지를 의미하는 '자아개념'을 말하는 거야.

학생 내가 나를 평가하는 아주 주관적 생각인가요?

교장 그래. 내가 나를 인식하는 관점에는 반드시 두 가지가 존재해. 내가 나를 긍정적으로 인식하는 관점과 부정적으로 인식하는 관점이지. 이건 나의 신체적 · 정서적 특성, 내가 사는 환경 등 나를 둘러싸고 있는 모든 것에 대해 자신을 긍정적으로 보는지 아니면 부정적으로 보는지를 말하는 거야. 따라서 이건 객관적인 평가가 아니야. 단지 내가 나에 대해 주관적으로 어떻게 생각하는지를 말하는 거지.

학생 사람들이 나의 외모에 대해 아주 예쁘다고 생각해도, 나는 나의 외모에 대해 못생겼다고 생각할 수도 있다는 건가요?

교장 그렇지. 내가 나를 어떻게 생각하는지는 정말 주관적인 거니까. 예를 들어 지능검사에서 IQ가 100으로 나온 두 학생이 있다고 하자. 그 결과에 대한 두 학생의 자아개념은 각자 다를 수 있어. 똑같은 결과인데 한 학생은 스스로 두뇌가 좋다고 생각하는 반면, 다른 학생은 자신의 두뇌가 너무 안 좋다고 자책할 수도 있잖아? 또 다른 예를 들면 국어 시험을 봤는데 한 학생은 70점이 나왔고, 다른 학생은 90점이 나왔다고 하자. 이때 객관적으로는 70점보다 90점이 성적이 더 높잖니? 그렇지만 70점을 받은 학생은 자신이 공부를 잘한다고 생각하는 반면, 오히려 90점을 받은 학생은 자신이 공부를 못한다고 생각할 수도 있다는 거야.

학생   같은 결과에서 왜 어떤 사람은 자신을 좋게 생각하고, 어떤 사람은 자신을 나쁘게 생각하는 거죠? 이건 객관적이지 못한 생각이잖아요?

교장   자아의 뿌리가 만들어지는 단계에서는 자신에 대해 평가할 때 반드시 타인과 비교하는 특징이 있어. 다른 사람에 비해 내가 예쁜지 안 예쁜지, 혹은 다른 사람에 비해 내가 공부를 잘하는지 못하는지, 다른 사람에 비해 내가 착한 사람인지 나쁜 사람인지, 다른 집에 비해 우리 집이 잘사는지 못사는지 등으로 말이야. 이 비교 과정이 자신을 주관적으로 평가하는 데 매우 중대한 영향을 주는 거지. 나를 둘러싼 다양한 환경과 비교해서 나를 좋게 인지할 때는 긍정적 평가가 만들어지고, 그 반대라면 부정적 평가가 만들어지는 거지. 이게 바로 긍정적 자아개념, 부정적 자아개념이라 불리는 거야.

학생   자아개념은 나를 다른 사람과 비교하면서 만들어진다고 하셨잖아요. 그렇다면 얼굴이 아주 예쁜 언니와 함께 사는 못난이 동생은 자신의 얼굴에 대해 부정적인 자아개념이 만들어지는 건가요?

   교장은 학생의 발상이 놀라워서 크게 웃었다. 학생도 입을 가리고 수줍게 웃었다. 교장은 조용한 목소리로 천천히 말하기 시작했다. 이 부분은 매우 중요한 내용이라 학생이 꼭 이해했으면 하는 생각이 들었기 때문이다.

교장	아니, 절대로 그렇지 않아. 너의 생각대로라면 얼굴이 예쁘지 않은 사람은 다 부정적 자아개념이 만들어지게? 자아개념, 즉 자아의 뿌리가 형성되는 데 가장 크게 영향을 주는 것은 그 사람이 실제 어떤 상태인가가 아니야. 그 사람이 어렸을 때 주변 사람들에게 듣는 평가가 큰 영향을 미치는 것 같아.
학생	어렸을 때라고 하면 언제를 말하는 거죠?
교장	사람마다 다르겠지만 태어나서 초등학교에 다닐 때까지가 자아의 뿌리인 자아개념이 만들어지는 시기라고 볼 수 있어.
학생	그렇다면 어렸을 때 언니보다 예쁘게 생기지 않은 동생에게 주변에서 계속 못생겼다고 평가하면 정말 자신의 얼굴에 대해 부정적인 자아개념이 만들어지겠네요. 반대로 주변에서 예쁘다고 말해 주면 오히려 자신의 외모에 대해 좋게 생각한다는 거고요?
교장	그래. 객관적으로 예쁘지 않더라도 주변 사람들에게 좋은 평가를 듣고 자라면 자신의 외모가 매우 매력적이라는 긍정적 자아의 뿌리가 형성되는 거지.
학생	자기 자신을 좋게 혹은 안 좋게 생각하는 것이 그렇게까지 중요한 일인가요?
교장	그래. 자아의 뿌리인 자아개념이 자라서 최종적으로 자아정체감이 만들어지기 때문이야. 자신을 긍정적으로 생각하는 사람은 나중에 자신을 다른 사람과는 비교할 수 없는 중요하고 가치 있는 사람으로 생각하게 되거든. 그

래서 자아개념은 매우 중요한 거야.

학생 그럼, 긍정적 자아개념이 만들어지지 못한 사람은 어떻게 되는 거죠?

교장 자아개념이 긍정적으로 만들어졌다고 해서 모두가 자신을 가치 있게 생각하는 자아존중감이 만들어지는 것은 아니야. 그렇지만 한 가지 분명한 건, 이게 자아의 싹을 만들 수 있는 건강한 뿌리가 된다는 거지. 자기 자신을 좋게 생각하는 것, 즉 긍정적 자아개념은 자아존중감이 생성되는 전제 조건이야.

학생 나를 좋게 생각해야만 나를 중요하게 여길 수 있다는 거군요.

교장 그래. 나 자신을 좋은 사람, 착한 사람, 능력 있는 사람, 멋진 사람 등 긍정적으로 인식해야만 나를 가치 있게 여기는 존중감이 발달할 수 있어. 긍정적 자아개념은 자아존중감의 필요충분조건은 아니지만, 필요조건인 거야.

학생 그 말씀은 긍정적 자아개념이 만들어진 사람 중에도 자아존중감으로 발전하는 사람과 그렇지 못한 사람이 있다는 거네요?

교장 그렇다고 생각해. 자신에 대한 긍정적 자아개념이 만들어졌지만, 자아존중감으로 발전하지 못하면 그냥 긍정적 자아개념의 단계에 머물러 있는 거지.

학생 그게 무슨 의미죠?

교장 자기 자신이 다른 사람에 비해 괜찮은 사람, 우월한 사람이라고 인정하는 단계에만 머물러 있는 사람이 있다는 거지. 앞서 말했듯이 자아개념은 다른 사람과의 비교에서 출발하니까. 이 경우 자신의 학력, 외모, 경제력, 직업 등을 항상 다른 사람들과 비교해서 자신을 판단하는 현상이 나타나. 그리고 이 단계에 머물러 있는 사람은 정말 심각한 문제를 가지고 있어. 자신이 다른 사람보다 우월하다고 생각하면 그것을 다른 사람에게 자랑하고, 으스대고 싶어 하거든.

학생   그건 긍정적 자아개념이라기보다 그냥 유치한 사람들이 하는 행동 아닌가요?

교장   맞아. 대체로 자아개념이 만들어지는 시기가 초등학생 때까지라고 했잖아? 그런데 만약 성인이 이 단계에 머물러 있다면 주변 사람에게 유치한 사람으로 인식되기 쉬워.

학생   사람이라면 누구나 자신을 자랑하고, 다른 사람에게 으스대고 싶어 하는 마음은 있지 않나요? 그게 왜 그렇게 심각한 문제인가요?

교장   단순히 자랑하고 싶어 하는 마음이 문제는 아니지. 네 말대로 인간의 본성일 수 있으니까. 하지만 자아존중감으로 넘어가지 못하고 긍정적 자아개념만 지나치게 발달한 상태에서 그런 마음을 행동으로 표출하면 문제가 될 수 있어. 자신이 다른 사람보다 우위에 있다고 생각해서 상대에게 갑질을 하는 상황이 생길 수 있거든. 이건 타인에게 해를 끼치는 문제가 되지.

학생   그렇다면 긍정적 자아개념 단계에 머물러 있는 것보다 차라리 부정적 자아개념 단계에 있으면 다른 사람에게 해를 덜 끼치게 될까요?

교장   왜 그렇게 생각하지?

학생   자기 자신에 대해 자신감이 없는 사람이 다른 사람들에게 갑질을 할 일은 없잖아요?

교장   그렇지는 않아. 부정적 자아개념의 단계에 머물러 있는 것도 다른 측면에서 심각한 문제를 만들게 되지. 부정적 자아개념은 자신이 다른 사람에 비해 뒤떨어지거나 부족하다고 생각하는 거잖아. 이런 상태가 계속 유지되면 그 사람은 자신감이 없고 열등의식을 느끼게 되겠지. 이로 인해 두 가지 현상이 나타날 수 있다고 생각해. 자신보다 우월하거나 높은 위치에 있는 사람에게는 무조건 굽실거리는 비굴한 모습을 보일 수 있어. 아니면 반대로 상급자를 이유 없이 공격하고 비난하면서 그런 행동을 마치 정의로운 모습이라고 생각할 수도 있어.

학생   부정적 자아개념이 만들어진 사람이 상급자에게 굽실거리는 것은 이해가 돼요. 그런데 상급자를 이유 없이 공격하는 모습을 보이는 건 왜 그런 거죠?

교장   자아개념 자체가 타인과의 비교 속에서 발전하는 거잖아. 그래서 부정적 자아개념을 가진 사람은 상급자가 자신보다 높은 직급에 있다는 데 초점을 맞추게 돼. 그래서 상급자를 자신이 모셔야 할 사람으로 생각하는 거지. 그런데 이 생각을 뒤집어 보면 상급자는 자신보다 높은 위치에 있는 사람이기 때문에 자신을 지배하는 무리로 인식할 수도 있어. 그러면 상급자의 말을 따르거나 함께하는 것을 아부하는 것으로 생각하게 되지. 그래서 상급자를 비방하고 공격하는 자신을 높은 사람에게 항거하는 정의로운 사람으로 생각하며 타인이 봐주기를 원하는 거지. 자아개념이 형성되는 단계에서는 타인이 나를 어떻게 보는지를 중시하니까.

학생 현재 교장 선생님이시잖아요? 그럼 학교에서 가장 높은 위치에 있는 건데, 선생님도 부정적 자아개념을 가진 사람들을 경험하셨나요? 항상 굽실대거나 아니면 비방하고 공격하는 사람이요.

교장 음, 네 말에는 오류가 있어. 교장이 학교에서 가장 높은 위치에 있는 것은 아니야. 학교의 모든 직원이 각자 자신에게 주어진 업무를 수행하듯이 교장도 교장이라는 업무를 하는 구성원일 뿐이지.

학생 그렇지만 저처럼 생각하는 게 일반적이지 않나요? 그럼 저처럼 생각하는 사람은 자아개념이 부정적이라서 그런 건가요?

교장 아니, 그렇지는 않은 것 같아. 그건 직업에 대한 이해가 부족해서 드는 생각일 수 있어. 교장이 학교의 중요한 사안에 대한 최종 결재권자라는 것은 맞지만, 높은 사람은 아니야. 모든 직업인은 각자 자기 일을 수행하고 그에 맞는 월급을 받을 뿐이지. 누가 높고, 낮은 것은 아니야. 각자의 영역에서 전문가로 일할 뿐인 거야.

학생 그렇네요.

교장 교장인 나에게 너무 굽실거리거나 비방하는 사람이 있는지 물었지? 물론 없지는 않아.

교장은 잠시 생각에 잠겼다가 말을 이어 갔다.

교장   우리 학교 급식 맛이 좋지 않다는 학부모의 민원이 접수
된 적이 있었어. 민원을 받은 나는 그 급식을 먹은 교사
중 무작위로 세 명에게 전화를 걸어 급식의 맛에 관해 모
니터링을 했지. 그런데 그중 한 선생님이 동료 교사들에
게 교장이 자신에게 급식 맛을 물어봤는데, 원하는 대답
을 안 해줬더니 교장이 화를 냈다고 말했대. 그러면서 '나
는 교장이 원하는 대답은 절대로 안 해줄 거야.'라고 이야
기하고 다닌다는 말을 전해 들었어.

학생   그 선생님이 거짓말을 했다는 건가요?

교장   글쎄. 거짓말로 보이지만, 그 교사의 행동은 자아정체감
의 관점에서 볼 때 교장을 자신보다 직위가 높은 사람으
로 인식하는 데서 출발했다고 생각해. 교사가 말을 지어
내면서까지 그렇게 말하고 다닌 이유는 '나는 절대로 높
은 사람의 의도에 따르지 않는 용기 있는 사람이다.'라는
것을 동료들에게 보이기 위한 거지.

학생   좀 피곤한 스타일이네요.

교장   그럴까? 나는 그 선생님이 피곤한 스타일은 아니고, 단지
나를 좋아하지는 않는 사람이라고 생각해. 근데 그건 그
선생님 마음이고 말이야.

자신을 좋은 사람이라고 생각하는 사람과 그 반대인 사람이 있다.

그런데 자신을 좋은 사람으로 인식하는 자아개념이 있어야만

자아존중감, 즉 자신을 중요한 사람으로 인식할 수 있게 된다.

이는 출생 후부터 초등학생 때까지 발달하는데,

최초 양육자인 부모가 가장 큰 영향을 미친다.

부모의 긍정적 언어와 행동은

아이가 상처받지 않는 자아를 갖도록 돕는 씨앗이다.

"자아존중감만 극도로 높은 당신은
상처의 대마왕이 된다."

"자아존중감이 '0'인 당신은 더 살아갈 수 없다."

"자아존중감이 '100'인 당신은 타인에게
심각한 피해를 준다."

13

자아정체감으로 발달하지 못한 자아존중감은
타인에게 해를 끼친다

학생　자아존중감이 만들어져야만 자신과 주변 사람이 모두 편
　　　안한가요?

교장　글쎄? 자아개념과 마찬가지로 자아존중감이 만들어졌다
　　　고 해서 무조건 주변 사람들이 편해지지는 않는 것 같아.
　　　오히려 피해를 줄 수도 있지. 중요한 건 자아의 뿌리인 자
　　　아개념이 잘 자라서 자아의 싹인 자아존중감이 되고, 이
　　　게 자라서 최종적으로 자아정체감으로 발전한다는 거야.
　　　자아개념이나 자아존중감은 단지 자아의 완성 단계인 자
　　　아정체감으로 가는 과도기적 단계라고 볼 수 있어.

학생　자아존중감은 '내가 나를 얼마나 중요하게 생각하는가.'
　　　잖아요? 그럼, 대체 자아개념과 다른 게 뭔가요? 자아개

넘은 '내가 나를 어떻게 생각하는가.'라고 하셨잖아요. 내가 나를 얼마나 중요하게 생각하는가도 넓은 의미로는 내가 나를 어떻게 생각하는가와 같지 않나요?

교장 음, 자아존중감 역시 자아개념과 마찬가지로 '내가 나를 어떻게 생각하는가.'에서 출발하는 건 맞는 거 같아. 그래서 '내가 나를 얼마나 중요하게 생각하는가.'라는 질문이 자아개념에 관해 다시 묻는 것으로 생각할 수도 있어. 하지만 이 질문은 자아개념에 관한 질문과 완전히 다른 개념이야. 내가 나를 좋은 사람이라고 생각하는가, 아니면 좋은 사람이 아니라고 생각하는가의 관점이 아니라는 거지. 자아존중감에 관한 질문은 나 자신을 가치 있는 사람으로 생각하는지, 아니면 가치 없는 사람으로 생각하는지를 묻는 거야.

학생 그 말씀은 더욱 이해되지 않아요. 내가 나를 가치 있는 사람으로 생각하는지, 아닌지를 묻는 것은 내가 나에 대해 긍정적으로 생각하는지, 부정적으로 생각하는지와 비슷한 것 아닌가요?

교장 음……. 자아개념에서는 내가 나를 총체적으로 좋게 생각하는가, 아닌가의 질문이잖아? 여기서 좋게 생각한다는 것이 중요한 사람, 가치 있는 사람과 같은 뜻일까?

학생 내가 나를 좋게 생각하지만, 중요한 사람이 아니라고 생각할 수 있다는 건가요?

교장 그래, 맞아. 좀 더 쉽게 표현하면 자신을 이 세상에 존재해야 할 중요한 사람으로 생각하는지, 아니면 필요 없는 사람으로 생각하는지를 묻는 거야. 개인의 삶과 죽음을 좌우하는 아주 중요한 질문이지. 내가 좋은 사람이라고 해서 꼭 그렇게 중요한, 가치 있는 사람으로 생각하지 않을 수도 있잖아?

학생 세상에 존재해야 할 중요한 사람이냐, 아니냐?

교장 인간에게 자아존중감이 '0'이라면 어떻게 될까? 이건 인간은 전혀 중요하지 않으며, 살 가치가 없다는 의미로 해석될 수 있어. 긍정적 자아존중감이 '0'이고 부정적 자아존중감이 '100'이 되면 인간은 존재의 의미가 없어 결국 죽음을 택할 수밖에 없는 거야.

학생 그런데 자아존중감이 발달하기 위해서는 반드시 긍정적 자아개념이 발달해야 하는 전제 조건이 있어야 한다고 하셨잖아요? 그런데 자아존중감을 또다시 긍정적, 부정적으로 나눈다는 것이 가능한가요? 긍정적 자아개념, 즉 내가 나를 좋게 보는데 부정적 자아존중감이 발달해서 결국 자살하게 될 수도 있다는 건 모순 아닌가요?

교장 내가 나를 좋게 생각한다고 해서 모두 내가 나를 중요한 사람으로 인식하는 것은 아니야. 자아존중감이 만들어질 때 우리의 자아에서 반드시 버려야 할 것이 있거든. 그것을 버리지 못했다면 아직 자아개념 상태에서 벗어나지 못한 거지.

학생 그게 뭐죠?

교장 음, 우리는 자아개념이 자아존중감으로 발달했는지 아닌지를 어떻게 알 수 있을까?

학생 내가 나를 중요하게 여기면 발달한 거잖아요?

교장 그렇게 보기에는 오류가 있어. 부정적 자아존중감은 나를 중요하게 여기지 못하는 거잖아. 그런데도 학자들은 자아존중감에는 부정적 자아존중감도 존재한다고 말하고 있어. 자신을 중요하게 여기지 못하는데도 왜 존중감이라고 표현하는 걸까? 나도 이 부분에 대해 오랫동안 고민하며 답을 찾으려 노력했지만, 그 어디에도 언급되어 있지 않았어.

학생 저도 그게 알 수 없다는 거예요.

교장 내가 내린 결론은 자아개념에서 자아존중감으로 넘어갔는지 알 수 있는 핵심 쟁점은 자신에 대한 다른 사람의 관점을 의식하느냐 아니냐에 있다는 거야. 자아개념은 자신을 타인과 비교한 결과로 만들어지는 거잖아? 그러나 자아존중감은 그것을 벗어난 상태인 거지. 다시 말해서 자아개념이 자아존중감으로 발달했다는 의미는 타인과 비교해서 자신이 중요한 사람인지가 아니라, 자신이 중요하고 가치 있는 사람인지 판단하는 주체가 자신이라는 거지. 결국 자신이 중요한 사람인지 판단할 때 타인의 관점을 버리는 거지.

학생 나의 가치가 다른 사람이 나를 중요하게 생각하는지 아닌지와는 상관없다는 건가요?

교장 그래, 바로 그거야. 자아존중감은 누가 옆에서 나를 소중하다고 혹은 아니라고 하는 것과 상관없는 거야. 스스로 판단해서 나를 중요하다고 혹은 중요하지 않다고 인식하는 거지.

학생 그래도 부정적 자아존중감을 자아존중감이라고 할 수 있는 걸까요? 나를 중요하게 여기지 않는데, 그걸 자아존중감이라고 표현하는 것 자체가 모순이라는 거죠.

교장 일단 자아존중감에서는 내가 중요한 사람인지 아닌지를 판단하는 근거에 다른 사람이 나를 보는 관점이 포함되지 않아. 이것 자체가 자아개념과는 구분되는 개념이지. 자아개념에서는 나를 긍정 혹은 부정으로 생각하는 근거에 타인이 나를 보는 시선과 타인과의 비교가 늘 존재하니까. 부정적 자아존중감은 자신을 중요하지 않다고 생각하는 거지만, 이것 역시 자신의 중요성에 관해 스스로 판단한 결과야. 그래서 자아존중감의 한 영역에 해당하는 거야.

학생 어쨌든 부정적 자아존중감도 긍정적 자아개념에서 만들어지는 거잖아요. 그럼, 부정적 자아존중감이 긍정적 자아존중감으로 바뀌는 것이 어렵지는 않을 거 같은데요?

교장 어떻게?

학생 자신을 가치 있고 중요한 사람이라고 계속 생각하면 되는 거 아니에요?

그러나 학생은 자신이 한 말을 바로 번복했다.

학생 아······. 반복적으로 생각해도 그렇게 되는 건 아니더라고요.

교장   부정적 자아존중감을 가진 사람이 긍정적 자아존중감을 갖게 되는 것은 어려운 일이지만 가능하다고 생각해. 그런데 이 경우 아주 중요한 것이 있어. 지난번에 이야기했듯이 긍정적 자아존중감이 만들어지기 위해서는 반드시 긍정적 자아개념이 필요해. 따라서 부정적 자아개념을 가진 사람이 단번에 긍정적 자아존중감을 갖는 것은 현실적으로 불가능하지. 부정적 자아개념이 긍정적으로 바뀌어야만 부정적 자아존중감이 긍정적으로 변화할 수 있어.

학생   왜죠?

교장   그 누구에게도 흔들리지 않고 '나는 중요한 사람'이라고 인식하기 위해서는 반드시 그 이전에 내가 나를 좋은 사람으로 인식해야 해.

학생   음, 자아존중감은 한 사람의 삶과 죽음을 좌우할 정도로 중요하고, 인간에게 가장 필요한 것은 긍정적 자아존중감이라는 것은 알겠어요. 그런데 아까 자아존중감을 가진 사람도 다른 사람에게 피해를 줄 수 있다고 하셨잖아요? 긍정적 자아존중감을 가진 사람도 그럴 수 있나요?

교장   어느 날 한 교사가 내게 찾아와서 학생 지도의 어려움을 호소하며, 교권보호위원회를 열어달라고 요청했어. 그 내용을 들어 보니, 교사가 수업 시간마다 계속 잠을 자는 학생에게 일어날 것을 요구한 데서 사건이 발생한 거야. 교사의 요구에도 학생은 전혀 신경 쓰지 않고 계속 잠을 잤대. 그래서 교사는 학생에게 다가가 어깨를 두 손으로 잡고 흔들어 깨우며 그만 일어나라고 말했지. 그러자 학생이 교사에게 입에 담기 어려운 욕설을 퍼부으며 소리를 질렀다는 거야. 이 일을 겪은 교사는 학생과 상담하는 것을 두려워했어. 그래서 교사의 요청으로 내가 학생과 직접 만나게 되었지. 내가 학생에게 자초지종을 물었더니, 그 학생은 '제가 졸려서 잠을 자는데 왜 선생님이 저를 깨워요? 저희 부모님도 그 누구도 저에게 이래라저래라 안 해요. 제가 졸리면 잘 수 있는 거잖아요.'라고 말했어.

학생 이건 예의가 없는 거 아닌가요? 가정교육의 문제인 거 같은데요.

교장 그렇게 보이니? 학생의 주장을 가만히 살펴보면, 자신은 아주 소중한 사람이기에 자신의 수면권도 매우 중요하다는 거야. 수업 시간에 교사가 수업하는 것과는 상관없이 자신은 언제든지 졸리면 잠을 잘 수 있다는 거지. 그래서 수면권을 방해한 교사에게 학생들이 많이 있는 데서 공개적으로 욕을 해서 응징한 거야. 물론 이는 예의에 어긋난 행동이지. 그런데 우리가 생각할 것은 학생이 왜 교사에게 화가 났을까 하는 점이야. 이 학생은 자아존중감이 있는 걸까?

학생 아니요, 자아존중감이 있다면 그렇게 행동하지는 않았을 것 같아요. 이 학생은 너무 자기만 중요하게 여기는 이기주의자이지, 진정한 자아존중감을 가졌다고는 볼 수 없을 것 같아요.

교장 자아존중감이 진정한가 아닌가는 없어. 자아존중감에는 자신을 중요하게 여기냐 아니냐, 즉 긍정적 자아존중감과 부정적 자아존중감이 존재할 뿐이지.

학생 그럼 이 학생도 자아존중감이 있다는 말씀인가요?

교장 그렇지. 긍정적 자아존중감만 극도로 발달한 경우라고 할 수 있어. 이렇게 긍정적 자아존중감만 발달하면 타인에게 심각한 피해를 줄 수 있어. 놀랍게도 자아존중감이 낮을 때보다 오히려 긍정적 자아존중감만 극도로 발달했을 때 문제가 발생할 가능성이 더 커. 긍정적 자아개념이 긍정적 자아존중감으로 발달한다는 것은 남과 비교하는 것에서 벗어나 자신이 중요한지에 대해 인식하는 단계로 가는 거야. 그런데 자아존중감이 인간의 독립된 자아, 즉 자아정체감으로 발전하지 못한 단계에서 극도로 발전하게 되면 정말 심각한 문제가 발생한다는 것을 알았어.

학생 다른 사람을 생각하지 않는 이기적인 사람이 되는 건가요?

교장 그런 점도 있지. 자신만 중요한 사람으로 인식해서 극도의 이기주의자가 되는 것이지. 이 경우 자신이 가장 중요한 사람이라는 생각에서 벗어나지 못하기 때문에 오직 자신만 생각하는 이기주의적 관점을 갖게 되는 거야. 다른 사람의 고통은 신경 쓰지 않는 거지. 나에게는 오직 나 자신만이 중요할 뿐이야. 심하면 남의 물건을 훔칠 수도 있고, 다른 사람에게 피해를 주는 거짓말을 할 수도 있어. 또는 다른 사람의 인권을 침해할 수도 있어. 즉 자신을 위해서는 다른 사람에게 얼마든지 해를 입힐 수도 있는 거야. 자신만 소중하니까.

학생 　믿을 수 없어요. 지금까지 저는 자아존중감에 관해서 찬양에 가까운 말만 들었어요.

교장 　물론 그 내용 역시 진실일 거야. 인간은 긍정적 자아존중감이 없으면 살아 있을 가치가 없다고 생각하기 때문이야. 자아존중감은 인간 존재의 근원이니까. 그러나 나는 이토록 중요한 자아존중감에 대해 지금까지 그 누구도 말하지 않았던 부분, 즉 자아존중감의 해(害)를 이야기하는 거야. 자아존중감이 자아정체감으로 발달하지 못한 상태에서 타인에게 얼마나 큰 피해를 주게 되는지 말이야.

학생 　좀 전에 말씀하신 그 학생처럼 수업 시간에 자신만 생각하고 다른 친구나 선생님에게 함부로 하는 애들은 저도 많이 봤어요. 전 단지 버릇이 없다고만 생각했거든요.

교장 　독립된 자아는 청소년기 말이 되어서야 만들어지는 것 같아. 자아정체감은 자아개념과 자아존중감의 단계를 거쳐 형성되기 때문에 적어도 청소년 후기, 성인기가 되어서야 확립되는 거지. 중·고등학교 시기에 형성된 자아존중감이 이후 점차 자아정체감으로 발달하는 거야.

학생 　그런데 다른 사람을 조금도 배려하지 않는 이기주의적인 모습은 청소년이 아닌 어른들에게서도 나타나지 않나요?

교장 　모든 사람이 자아정체감을 갖게 되는 것은 아니야. 반드시 단계적 절차를 거치지. 긍정적 자아개념이 자아존중감의 필요조건이듯, 긍정적 자아존중감은 자아정체감의 필요조건이니까. 그래서 성인이라 하더라도 자아개념이나 자아존중감의 단계에 계속 머물러 있는 사람도 있어.

학생 그런데 문득 이런 생각이 들었어요. 긍정적 자아존중감만 극도로 발달한 사람은 주변 사람들에게는 피해를 줄 수 있지만, 자신은 행복하지 않을까요?

교장 왜 그렇게 생각하지?

학생 타인을 생각하지 않고 오직 자신만 생각하니까요. 수업 시간에 잠을 자는 것을 깨우는 교사에게 소리를 지른 학생처럼 말이에요.

교장 과연 그럴까?

학생 아닌가요?

교장 자아존중감만 극도로 발달한 사람은 같은 상황에서 남보다 상처를 더 받을 수 있어.

학생 긍정적 자아존중감이 높으면 상처를 더 받는다는 것은 아무리 생각해도 이해하기 힘든데요? 지금까지 얘기했던 것을 정리하면, 다른 사람과 비교해서 자신이 좋은 사람인지 아닌지를 판단하는 것이 자아개념이잖아요. 그리고 자아존중감은 다른 사람과의 비교에서 벗어나서 자신의 소중함을 알게 된다는 것이고요. 그런데 상처는 다른 사람이 자신을 어떻게 보는가에 대한 자신의 해석에서 출발한다고 하셨잖아요. 자아존중감이 다른 사람과의 비교에서 벗어난 것이라면, 자아존중감이 발달한 사람은 상처를 덜 받아야 하는 것 아닌가요?

교장 너의 주장은 상당히 논리적이야. 그러나 유감스럽게도 대답은 'NO.'야. 긍정적 자아존중감만 극도로 발달하면 가장 심하게 나타나는 증상이 뭔 줄 아니?

학생 타인을 고려하지 않고 자신만 생각하는 이기주의라고 하셨잖아요.

교장 그래, 바로 그거야. 자신은 그 누구와도 비교할 수 없이 정말로 소중하기에 다른 사람이 함부로 할 수 없다고 생각하지. 이런 이유로 다른 사람에게 항상 대우와 존중을 받아야 한다고 생각하는 거야. 그래서 누구에게나 존중받아야 할 자신이 타인에게 존중받지 못했다고 느낄 때마다 상처를 심하게 받게 되는 거지. 따라서 이들은 인권침해를 받았다고 수시로 타인을 고발하거나 공격하는 행위 등을 할 수 있어. 아까 이야기한 학생의 사례처럼 수업 시간에 잠을 깨운 교사에게 분노해서 욕설을 퍼붓는 현상으로 나타나는 거지.

학생 실질적으로 긍정적 자아존중감이 높은 사람이 오히려 상처를 더 받고 더 고통스러워한다는 것이 너무 충격적이네요.

교장 자아정체감으로 넘어가지 않고 긍정적 자아존중감이 극도로 발달한 사람은 자신도 큰 상처를 받아. 그리고 이로 인해 타인을 고발하고, 괴롭히기 때문에 주변 사람들도 너무 고통스럽게 만들지.

자신이 가치 있고, 소중한 인간이라고 생각하는 자아존중감은

인간이 사느냐 죽느냐를 결정하는 중요한 부분이다.

그러나 자아존중감만 극도로 발달하고

자아정체감으로 넘어가지 못한 단계에서는

다른 사람들로부터 존중받지 못한다고 느낄 때마다

심각한 마음의 상처를 받게 된다.

그러면 그들은 인권침해를 받았다고 고발하거나,

주변인들에게 자신이 피해를 겪었다고 호소하는 일이 발생한다.

긍정적 자아존중감만 극도로 발달하면

오직 자신만이 중요한 사람이라고 생각하기 때문이다.

"당신이 나를 사랑하지 않아도 된다."

"당신은 나에 대해 소중한지 판단할 권리가 없다."

"남들이 당신을 어떻게 보든,
당신이 남에게 피해를 주지 않았다면 무죄다."

14

아무도 당신을 사랑하지 않아도 된다

학생　자아존중감이 가장 중요하다고 알고 있던 저는 너무 두려
운 생각이 들어요. 긍정적 자아존중감이 극도로 발달하
면 이기적인 사람, 상처를 많이 받는 사람이 된다고 하셨
잖아요. 그러면 자아존중감이 극도로 발달하지 않고 어
느 수준까지만 발달하도록 조정해야 하나요?

교장은 학생의 기발한 발상이 재밌어서 웃음을 참지 못했다.

교장　자아존중감의 발달 수준을 조정할 수는 없다고 생각해.
그건 스스로 노력한다고 해서 가능한 것이 아니니까 말이
야. 가장 문제가 되는 것은 자아존중감만 극도로 발달한

상태에서 자아정체감으로 넘어가지 못하는 것이지.

학생　자아정체감의 전 단계…….

교장　그래. 자아정체감의 전 단계가 바로 자아존중감이니까. 그리고 아이러니하게도 극도로 발달하면 자신과 주변에 피해를 주게 되는 긍정적 자아존중감은 자아정체감의 필요조건이야.

학생　자아개념이 자아존중감으로 발달했는지는 다른 사람의 시선을 벗어나 스스로 판단했는지로 알 수 있다고 하셨잖아요. 그렇다면 자아존중감이 자아정체감으로 발달했다는 것은 어떻게 알 수 있죠? 아니, 자아정체감은 어떻게 해야 만들어지는 거죠?

교장　나는 얼마 전 강의하러 어떤 대학을 방문했다가 화장실 문에서 재밌는 글을 발견했어. '당신은 다른 사람에게 사랑받을 가치가 있는 소중한 사람이다.'라는 문장이었어.

학생　자아존중감에 대한 말이네요?

교장　그렇게 볼 수 있겠지? 그런데 내가 묻고 싶은 것은, 이 문장을 듣고 너는 네가 소중한 사람이라는 생각이 들었니?

학생　글쎄요. 좋은 문장 같은데요?

교장　난 이 문장을 읽을수록 슬픈 마음이 들었거든.

학생　그런가요?

교장　그래. 당신은 다른 사람에게 사랑받을 가치가 있는 소중한 사람이라는 문장에서 가장 강조하고 있는 것이 뭐라고 생각하니?

학생　제가 소중한 사람이라는 거 아닌가요?

교장 그 문장을 왜 만들었다고 생각하니?

학생 자아존중감을 갖게 하려고요?

교장 그래. 내가 봐도 그런 것 같아. 그런데 자신이 소중하기는 한데, 다른 사람에게 사랑받을 가치가 있는 소중한 사람 이라는 것에 대해 너는 어떻게 생각하니?

학생 아, 나의 가치를 다른 사람의 평가에 의존하고 있는 거네요.

교장 다른 누군가가 나에 대해 소중하다, 소중하지 않다고 판단할 권리가 있을까? 나는 그냥 그대로 독특한 한 사람이지. 누가 나를 어떻게 평가하든 말이야. 나를 소중하게 여기든 아니든 그게 무슨 의미가 있을까? 나는 나일 뿐인데 말이야.

학생 나는 나일 뿐……. 자아정체감을 말하는 거네요.

교장 그래. 그것이 사람을 가장 강하게 만드는 힘이라고 생각해.

학생 다른 사람이 나를 어떻게 보는지와 상관없이 자신을 독특한 한 사람이라고 생각하는 것이 자아정체감이라는 말이 잖아요. 이건 다른 사람이 나를 어떻게 평가하는지와 상관없이 자신을 중요한 사람이라고 생각하는 자아존중감과 근본적으로 같은 것 아닌가요?

교장 물론 자아존중감과 자아정체감이 모두 타인의 평가를 벗어난 자신의 인식이라는 것은 같아. 그러나 두 가지 인식에는 차이가 있어. 다른 사람을 향한 관점으로 전환할 수 있느냐 없느냐이지. 자아존중감은 자신에 대해서만 중요한 사람인지 아닌지 판단하는 거잖아. 그런데 자아정체감은 자신 이외에 다른 사람도 똑같이 중요한 사람이라는 것을 깨닫는 데서 출발해. 이러한 관점은 내가 다른 사람과는 다른 독립된 자아로서 중요한 사람일 뿐 아니라 다른 사람도 나와는 다른 독립된 인간 개체라는 것을 이해하는 거야.

학생 다른 사람의 특성을 인정하는 것을 말하는 건가요?

교장 맞아. 이 관점에서는 타인을 나의 잣대로 평가하지 않아. 그래서 좋은 사람, 나쁜 사람이라고 생각하는 등 상대를 주관적으로 평가하는 개념이 존재하지 않는 거지.

학생 도저히 이해하지 못할 상대의 행동도 그 사람의 특성이라고 인정하게 된다는 건가요? 그렇다면 자아정체감의 관점에서 보면 타인의 잘못을 지적해도 안 된다는 거잖아요. 이건 방관과 다를 게 없지 않나요?

교장 상대의 잘못을 지적하지 않는 것을 자아정체감이라고 할 수는 없어. 어떤 사안에 문제가 있을 때, 의견을 적극적으로 말하기 위해서도 자아정체감이 있어야 용기를 낼 수 있는 거니까. 자아정체감이 발달하지 않은 사람은 자신이 상대에게 조언했을 때, 상대가 자신을 어떻게 생각할지 걱정부터 하지. 그래서 바른말을 할 수 있는 용기를 내기 힘들거든. 그런데 자아정체감이 발달한 사람은 상대에게 조언했을 때 상대가 심하게 화를 내도 그 사람이 그럴 수 있다고, 그건 그 사람의 특성이라고 생각해. 그래서 상처를 받지 않는 거야.

학생 선생님 말씀이 너무 현실적이지 못하다는 생각이 들어요. 어떤 사람이 상대를 위해 조언을 했는데, 상대가 그걸 받아들이지 못하고 화를 냈어요. 그런 상황에서 아무렇지 않은 사람이 과연 얼마나 있을까요?

교장 그래, 그건 매우 어려운 일이지. 그러나 너는 네 주변에서 그런 사람들을 본 적이 없니?

학생 조언을 해줬는데, 지나치게 예민하고 이유 없이 따지거나 화를 내는 친구들은 본 적 있죠.

교장 예를 들면?

학생은 잠시 생각을 하더니 이내 말을 꺼냈다.

학생 제가 과학탐구 동아리에 있거든요. 제가 과학을 좋아해서 친구들을 설득해서 만든 동아리예요. 얼마 전에 과학 발명전시회를 기획해서 하기로 했고, 우리는 회의를 통해서 각자 담당할 일을 정했어요. 근데 홍보자료를 제작하기로 한 친구가 자신이 제작한 내용을 저에게 보여 주면서 좋은 의견이 있으면 얘기해 달라고 하더라고요. 근데 제가 보니까 너무 식상하고 참신함이 부족한 거예요. 그래서 그 친구에게 제가 생각한 몇 가지 아이디어를 말해 줬거든요? 근데 그 친구가 제가 말을 하는 도중에 계속 빈정거리는 거예요. 내가 그걸 몰라서 그런 게 아니라는 둥, 누가 보면 네가 내 선생님인 줄 알겠다는 둥 계속 딴지를 걸었어요. 그러고는 자기가 만든 걸 갑자기 구겨서 쓰레기통에 버렸어요.

교장 당황스러웠겠네?

학생 어이없었죠. 그런데 이런 상황에서도 자아정체감이 발달한 사람은 상대가 그럴 수 있다고, 개인의 특성이라고 생각하기 때문에 상처를 받지 않는다는 거잖아요. 이게 현실적으로 가능한 얘기냐는 거죠. 저는 진짜 완전 짜증 났거든요.

교장 그 친구가 그럴 수는 없다고 생각한 거구나?

학생 그건 말장난이죠. 그럴 수 있고 없고를 떠나서 현실적으로 짜증 나지 않는 사람이 있냐는 거죠.

학생은 잔뜩 흥분한 모습을 보였다. 그 모습을 본 교장이 이를 드러내고 웃었다.

교장 지금 생각해도 짜증이 나는가 보네? 내가 생각해도 네가 많이 속상했을 것 같아. 너는 친구를 위해서 진심으로 조언했는데 그 친구가 그런 반응을 보일 줄은 생각도 못 했겠지. 그런데 그 친구의 행동을 한번 분석해 보자. 일단 너는 그 친구에게 네 아이디어를 말해 주었잖아. 근데 그 친구는 나도 그걸 모르는 게 아니다, 누가 보면 네가 내 선생님인 줄 알겠다고 말을 했잖니?

학생 저는 일로 얘기를 했는데, 그 친구는 사람에 초점을 맞춰서 받아들인 거네요?

교장 그래, 바로 그거야. 그 이유가 뭐겠니?

학생 자아정체감이 부족할 때 나타나는 특징이잖아요. 사안이 아니라 사람에게 초점을 맞추는 거요.

교장 그 친구가 자아정체감이 부족하다면 그럴 수 있다는 거지.

　학생은 갑자기 기지개를 켜듯 두 손을 마주 잡고 머리 위로 올리더니 목 뒤에서 멈춘 채 조용히 있었다. 그리고 입을 굳게 다물었다.

교장 아직도 그 상황을 생각하면 짜증 나니?

학생 아니요. 그 친구가 좀 안됐다는 생각이 들어요.

교장 그 상황을 보는 너의 감정이 왜 변했다고 생각하니? 짜증 나는 감정에서 측은한 감정으로 말이야.

학생 그 애가 자아정체감이 없으니까 그럴 수 있죠. 선생님이 지금까지 저한테 해주신 얘기가 다 와닿았어요. 자아정체감은 타인을 인정하는지 아닌지가 핵심이네요.

교장 자신에 대한 것을 인정하듯이 타인에 대해서도 인정을 하는 관점이라는 표현이 맞을 것 같아. 자아정체감에는 단지 객관적 평가를 통해 강점과 약점이 존재해. 여기서 약점이 있다 해도 이것이 창피하거나 숨겨야 할 나의 단점이 아니라, 내가 알고 보완해야 할 사안일 뿐인 거야. 그래서 탄탄한 자아를 가진 사람은 절대로 다른 사람과 자신을 비교하지 않게 되는 거야. 그냥 자신만의 특성을 가졌다고 인식할 뿐이지. 따라서 누군가가 자신의 문제점에 대해 조언을 해줄 때도 나라는 사람에 대한 비평으로 받아들이지 않고 단지 사안으로 받아들이게 돼. 또 나와 다른 사람을 비교하지 않기 때문에 타인에게 열등감이

나 우월감을 느끼지도 않아. 타인을 나와 같은 하나의 독립체로 인정하기 때문에 다른 사람의 다양한 특성에 놀랄 수는 있어도 비판하지는 않는 거지. 주변 사람이 실수해도 그게 다른 사람들에게 해를 끼치지만 않는다면 나는 언제나 관대할 수 있는 거지.

학생 상대의 독특성을 인정하고 그 사람의 행위가 그럴 수 있다고 생각하기 때문에 상처를 받지 않는다는 거네요.

누군가가 나를 사랑하든 안 하든
나는 그냥 소중한 사람이다.
그 누구도 내가 사랑받을 가치가 있는 사람인지
아닌지를 논할 자격은 없다.
아무도 나를 사랑하지 않아도 된다.
나는 있는 그대로 소중한 사람이며, 내가 그렇듯 남도 그렇다.

"상처를 잘 받는 당신은 아이의 영혼을 죽일 수 있다."

"상처를 잘 받는 당신의 특성은
자식에게 대대로 유전된다."

"상처를 잘 받는 당신은 칭찬에 인색하다."

15

상처를 잘 받는 당신의 특성은
자식에게도 유전된다

학생   긍정적 자아존중감이 자아정체감의 필요충분조건이 아
닌 필요조건이라고 하셨잖아요? 그렇다면 긍정적 자아존
중감이 발달했다고 해서 모두 자아정체감으로 가는 것은
아니라는 거잖아요. 그럼, 이 부분은 우리가 노력하면 만
들어질 수 있는 건가요?

교장   그게 무슨 의미지?

학생   다른 사람과 나를 독특한 독립체로 인정하게 되는 일이
노력을 하면 가능한지 여쭤보는 거예요.

교장   물론 자아정체감이 있는 사람의 특성을 이해하고 스스로
자아정체감이 있는 사람처럼 행동하려고 노력하면 타인
과의 문제를 해결하는 데 상당한 도움이 되겠지. 그리고

이러한 연습을 계속하면 그런 행동이 일상의 경험이 되고, 또 본인의 습관으로 굳어질 수도 있을 거야. 하지만 그렇다고 해서 상처를 잘 받는 성향을 없앨 수 있는 것은 아니라고 생각해. 겉으로 볼 때는 문제가 해결된 것처럼 보이지만 마음속 상처는 계속 남아 있는 거지.

학생 그럼 긍정적 자아개념, 긍정적 자아존중감, 자아정체감의 단계를 거치는 길 이외에는 상처받지 않는 인간의 자아를 만드는 것이 불가능한가요?

교장 글쎄. 가능할까? 아니면 불가능할까? 지난번에 얘기했듯이 나는 학교에서 징계를 받아 퇴학을 당할 위기에 있는 학생이나 부적응 학생들을 돕기 위해 상담을 시작했어. 그렇지만 그 학생들은 상담 후에도 전혀 변하지 않았어. 오히려 더 나빠지는 학생은 있었지만 말이야. 어느 순간, 더는 상담의 필요성을 느끼지 못했어. 상담은 단지 학생들의 퇴학을 막아 주는 형식적인 의미밖에 없었지. 그렇지만 내가 이미 한 약속 때문에 학생들과의 상담을 멈출 수도 없는 상황이었어. 고민 끝에 상담은 하되 쉽고 편하게, 말을 적게 하는 요령을 생각해 냈지. 학생들에게 아주 간략한 질문만 하고, 그 질문에 대한 학생의 답은 최대한 길게 듣기 위해 노력했어. 그런데 기대와는 달리 학생들의 대답은 언제나 단답형이었어. 결국 또 상담자인 내가 말을 길게 해야만 하는 상황이 된 거야. 심지어 내가 말을 적극적으로 하지 않으면 상담은 시작하자마자 바로 종료될 수밖에 없었어. 이러한 시행착오를 겪은 후에 나는 학생들과 상담을 진행하기 전에 내가 질문할 내용을 학생에게 미리 과제로 주었어. 그리고 상담 시간에 학생이 조사한 내용을 나에게 이야기하도록 했지. 또 상담을 마치면 다음 상담에서 학생이 나에게 이야기해야 할 과제를 제시하는 방법을 선택하게 되었어.

학생   그런데 저에게는 왜 과제를 안 내시는 거예요?

교장   내가 만난 너는 과제를 할 아이가 아니었으니까.

학생은 교장을 향해 양손의 엄지손가락을 치켜세웠다. 교장은 고개를 도리도리하며 미소를 지은 후 말을 이어 갔다.

교장   아이들을 말하게 하는 방법은 이전에 비하면 상당히 효과가 있었어. 그렇지만 한 학생과 상담의 주제를 20개씩 정하는 것은 쉬운 일이 아니었어. 20회를 상담해야만 퇴학을 면해 주는 학교 규칙을 만들어 놓은 상황이었으니까. 나는 학생이 이 학교에서 보이는 현재의 문제 행동뿐 아니라 과거의 삶, 즉 태어나면서부터 지금까지 어떤 부분이 가장 고통스러웠는지 물어보는 방법을 사용하기로 마음먹었지. 어쨌든 20회까지 상담을 길게 가져가야 하니까. 그래서 내가 학생들에게 준 첫 번째 과제가 '다음 상담에 올 때는 네가 태어나서 지금까지 가장 고통스러웠던 일이 무엇인지 나에게 5분 이상 설명해 주겠니?'로 바뀐 거야. 그런데 그 후 학생들과 상담하면서 나는 깜짝 놀랐어.

학생   상담의 효과가 좋아졌나 보죠?

교장　아니, 전혀.

학생이 갑자기 큰 소리로 웃었다. 교장은 학생의 기대에 부응하지 못한 것이 민망해서 함께 웃었다.

교장　나는 학생들의 대답에서 깜짝 놀랄 만한 내용을 들었어. 학교생활에 적응하지 못하는 학생들의 대답에서 빠지지 않고 항상 등장하는 내용이 있었거든. 그게 뭐였을 것 같니?

학생　거짓말하는 거요?

교장　아니.

학생　잘 모르겠어요.

교장　부모님에 대한 한(恨)이었어. 내가 상담을 진행한 학생의 말 중에서 특히 기억에 남는 말이 있어. '우리 엄마는 사람이 아니다.'라고 말한 학생이 있었어. 나는 놀라서 왜 그렇게 생각하냐고 물었지. 그런데 그 학생은 '절대로 사람이 아니에요. 생각하고 싶지도 않아요.'라고 말하면서 눈물을 흘렸어. 이뿐만 아니라 심지어 '아버지가 죽었으면 좋겠다.'라고 말하거나, 부모와 따로 살기를 원하는 학생들도 많았어. 나에게 상담을 요구한 부적응 학생들 대부분이 지금까지 살면서 가장 고통스러웠던 경험의 대상으로 지목한 사람이 놀랍게도 그 아이들의 부모였어. 학교 선생님도, 친구도, 그 누구도 아니었던 거야.

학생　저는 그런 생각을 안 해봐서 너무 놀랍네요. 대체 상담한 학생 중에 몇 명이 그런 말을 한 건가요?

교장   나도 궁금해서 체크를 해본 적이 있어. 정도의 차이는 있겠지만, 학교 부적응 학생들 그리고 친구들 때문에 상처받는 학생들의 90% 이상이 부모를 원망하거나 부모로부터 고통을 받고 있었어.

학생   그런데 제 질문은 노력하면 자아정체감이 만들어질 수 있는지였는데요. 선생님께서는 갑자기 부모 때문에 고통받는 학생들에 대해 말씀하시네요?

교장   부모가 아이의 자아정체감을 만드는 근원이기 때문이야.

학생   자아정체감을 만드는 것은 부모만 할 수 있다는 말씀인 건가요?

교장   아니, 반드시 부모여야 하는 것은 아니야. 부모든, 할머니든, 아니면 다른 친척이든 아이가 태어나서 초등학생 정도의 시기까지 아이를 양육해 주는 사람을 말하는 거야.

학생   자아정체감은 본인이 만드는 것이 아니라 부모가 길러 주는 거라고 말씀하시는 거네요? 자아정체감이 만들어지기 위해서는 긍정적 자아개념이 긍정적 자아존중감으로 발달하고 이게 자아정체감을 만든다고 하셨잖아요. 그럼 부모가 자식에게 이 모든 과정을 가르쳐야 한다는 말씀이세요?

교장   자아정체감은 배워서 만들어지는 것이 결코 아니야. 힌트를 주자면 자아정체감을 만드는 뿌리가 뭐였지?

학생   무엇을 물으시는 건지 모르겠어요.

교장   자아정체감이 만들어지는 최초 시작점에 꼭 필요한 자아는 무엇이냐는 질문이야.

학생 긍정적 자아개념이죠.

교장 그래, 맞아. 그럼 긍정적 자아개념을 만드는 데 가장 큰 영향을 주는 것이 뭐라고 했지?

학생 그건 주변 사람의 평가라고 하시지 않았나요? 주변 사람의 평가와 자신을 다른 사람과 비교하는 것이요.

교장 그래. 자아정체감이 만들어지는 근본은 바로 자아개념이지. 네가 말했듯이 자아개념, 즉 자신을 긍정적인 혹은 부정적인 사람으로 인식하는 데 가장 큰 영향을 미치는 것은 그 사람에 대한 주변 사람들의 평가야. 특히 한 인간의 자아개념은 보통 어릴 때 만들어져. 그래서 아이가 태어나서 초등학생 때까지 주변 사람들이 아이에 대해 어떤 평가를 주는지가 가장 중요해. 깨끗한 백지에 아이가 자신의 자아를 그리는 데 가장 큰 영향을 주는 사람은 누구일까?

학생 부모의 평가가 중요하다는 건가요?

교장 그렇지. 어린아이의 사소한 행동에도 부모가 칭찬과 격려를 해줘서 자긍심을 심어 주면 아이는 어떻게 자랄까? 스스로 좋은 사람, 괜찮은 사람, 매력 있는 사람, 무엇이든 할 수 있는 사람이라고 인식하게 되겠지. 이것이 바로 긍정적 자아개념이잖아. 그런데 인간에게 긍정적 자아개념이 형성되지 않고는 자아존중감이 만들어질 수 없고, 자아존중감이 없으면 절대로 자아정체감을 만들어 낼 수 없잖아.

학생　부모가 아이를 키우면서 긍정적으로 칭찬해야만 아이의 긍정적 자아개념을 만들 수 있고, 이것이 자라나서 자아정체감을 만들 수 있다는 건가요? 그렇다면 부모님들이 이 사실을 알면 자녀의 자아정체감을 기르기 위해 항상 칭찬해 주면 되겠네요. 부모가 아이의 자아정체감을 만드는 것은 쉬운 것 아닌가요?

교장　그럴 것 같지? 그러나 유감스럽게도 부모가 아이를 키우면서 칭찬과 격려를 하고 싶어도 그게 잘 안 된다는 게 문제야. 이건 부모가 결심한다고 해도 쉬운 일이 아니니까.

학생　그건 부모가 칭찬의 중요성을 잘 모르기 때문 아닐까요? 칭찬은 돈이 드는 것도 아니고 그냥 말로 하면 되는 거잖아요.

교장　이성적으로 생각할 때 자기 자식을 칭찬으로 기르고 싶지 않은 부모는 거의 없을 거야. 그런데 중요한 것은 부모가 자아정체감이 없으면 자식을 칭찬으로 키우는 것이 매우 어렵다는 거지. 내 생각에 상처를 잘 받는 부모의 특성은 자식에게 그대로 유전되는 것 같아.

학생　상처를 잘 받는 특성이 유전된다고 하면 자아정체감은 부모가 지닌 생물학적 특성이라는 거네요?

교장　유전은 부모가 지닌 생물학적 특성이 자녀에게 전해지는 거잖아. 그런 점에서 보면 부모의 상처받는 특성이 자녀에게 유전된다고 말하는 것이 맞는 표현은 아니겠지. 그러나 상처를 잘 받는 부모 밑에서 자란 자녀는 상처를 잘 받는 특성을 고스란히 받게 된다는 것은 의심할 수 없는 사실이야.

학생 부모가 자아정체감이 있어야만 자녀에게 칭찬을 할 수 있다는 거네요?

교장 그래. 나에게도 아들이 한 명 있는데 많이 덜렁거리는 성향을 갖고 있어. 초등학교 시절에는 항상 내가 학습 준비물을 사전에 챙겨서 준비해 주어야 했으니까. 특히 시간표에 미술 과목이 있는 날이면 나는 아이의 준비물 챙기기에 신경을 곤두세웠어. 그렇지 않으면 아이는 미술 준비물을 지참하지 않고 학교에 갔거든. 미술 준비물의 양이 너무 많아서 가방에 다 안 들어가는 날에는 보조 가방을 따로 준비했어. 문제는 보조 가방을 포함해서 가방이 두 개가 되면 아들이 보조 가방을 놓고 등교한다는 점이야. 심지어 책가방 옆에 보조 가방을 놓아두고는 '꼭 보조 가방을 가져가라.'라는 메모를 남겨도 아이는 번번이 책가방만 들고 등교를 했어. 그럼 나는 내가 두었던 그대로 덩그러니 놓여 있는 보조 가방을 보며 낙심하지. 그리고 아이가 돌아오기만을 기다렸어.

학생 아드님이 집에 돌아오면 뭐라고 하셨어요?

교장 네가 부모라면 뭐라고 말하겠니?

학생 제가 부모는 안 해봤잖아요?

학생은 장난기 있는 표정을 지어 보였다.

교장 이럴 때는 자아정체감의 유무에 따라 두 종류의 부모가 있다고 생각해. 첫 번째는 훈계하거나 화를 내는 부모야. 두 번째는 아이가 준비물을 안 가지고 갔는데 무슨 일이 없었는지에 집중하는 부모야. 전자의 부모는 아이에게 '준비해 준 미술 준비물을 집에 놔두고 갔더라?', '왜 이렇게 덜렁거려?', '그렇게 덜렁거려서 어떻게 살아?', '대체 뭐가 되겠니?'라고 말하겠지? 그러나 후자는 '학교에서 아무 일 없었어?', '너 미술 준비물 안 가져갔는데 살아서 돌아왔네? 아들, 대단해!'라고 말하겠지.

학생 자녀를 교육하는 방법은 다양한 거잖아요? 때로는 엄격하고 때로는 인자하게.

교장 그렇지만 나는 첫 번째 유형의 부모는 아이의 영혼을 죽이고 있다고 생각해. 물론 부모가 아이에게 심한 말을 퍼붓는다고 해서 아이에 대한 애정이 없는 것은 아닐 거야. 오히려 나는 그들이 자녀를 진심으로 사랑하고 있다는 것을 전혀 의심하지 않아. 이 부모는 자녀를 정말로 사랑하기에 미술 수업 시간에 아이가 준비물 없이 앉아 있는 모습을 상상하면 가슴이 아픈 거지. 그리고 덜렁거려서 미술 준비물을 가져가지 못한 아이에게 화를 내는 이유도 아이의 덜렁거리는 성향을 걱정하는 걸 거야.

학생 학교에서 선생님께 혼나는 것보다 부모님이 더 두려울 거 같아요.

교장이 갑자기 큰 소리를 내며 웃었다. 자신의 어린 시절이 떠올랐기 때문이다.

교장 맞아. 보통 부모는 아이가 미술 준비물을 안 가지고 학교에 가면 선생님께 혼나거나 미술 시간에 아무것도 하지 못하고 쩔쩔맬 것이라고 상상하겠지. 하지만 그건 천만의 말씀이야. 나 역시 덜렁거리는 사람이라 잘 알고 있는데, 덜렁거리는 특성을 가진 우리는 실수하거나 준비물을 빠뜨린 경험이 많아서 대처 능력도 뛰어나. 우리는 학교에 도착하는 순간 습관적으로 교실 칠판 옆에 붙어 있는 시간표를 확인하지. 부모님들은 '우리 아이는 쉽지 않은 일'이라고 생각할 수도 있어. 하지만 덜렁거리는 아이들이 학교에 도착하자마자 시간표를 확인하는 습관도 하루아침에 이루어지는 일은 아니야. 선생님께 혼나면서 스스로 살아가기 위해 터득한 습관이지. 그렇게 시간표를 확인하면서 오늘 미술 수업이 있고, 수업 준비물을 준비해 오지 않았다는 것을 깨닫게 돼. 덜렁거리는 우리는 꼼꼼하지 못한 대신 융통성이라는 무기가 있어. 그래야 세상을 살아갈 수 있지 않겠어? 미술 준비물이 없으면 어떻게 대처하는지 아니? 친구들과 협상을 시도해. 모든 준비물을 꼼꼼히 준비해 온 친구에게 다가가서 '너 이 색종이 다 쓸 거니?', '두 장을 반으로 잘라서 나에게 주면 안 되니?' 또는 '이 풀을 조금 짜서 여기에 담아가면 안 될까?'라고 말하는 거지.

학생이 갑자기 박장대소했다.

학생   맞아요. 그런 애들 꼭 있어요.

교장   이렇게 미술 준비물을 준비하지 않고도 선생님께 혼나지 않고 하루를 보낸 아이의 마음은 날아갈 듯 행복해. 그렇게 행복하게 집에 돌아온 아이에게 부모는 인상을 쓰며 '준비해 준 미술 준비물을 집에 놔두고 갔더라.', '왜 이렇게 덜렁거려?', '그렇게 덜렁거려서 어떻게 살아?', '대체 뭐가 되겠니?'라고 말하는 거지.

    학생은 진지한 표정으로 미간을 찡그리고는 고개를 연신 끄덕였다.

학생   선생님은 이런 부모가 아이의 영혼을 죽인다고 하셨잖아요. 근데 사실 부모가 아이를 좀 혼내는 것은 필요하잖아요? 때린 것도 아닌데 아이의 영혼을 죽인다고 하시는 건 너무 과한 걱정이 아닐까요?

교장   물론 그렇게 생각할 수도 있지. 그럼 어디 한번 엄마가 내뱉은 말을 천천히 분석해 볼까? 먼저, '그렇게 덜렁거려서 어떻게 살아?'라고 한 말에는 무슨 의미가 숨어 있지?

학생   죽는다는 거네요?

교장   그래. '너는 덜렁거려서 곧 죽을 거야.'라고 말하는 거잖아? 그럼, '대체 뭐가 되겠니?'라는 말은 무슨 의미지?

학생   아무것도 될 수 없다는 건가요?

교장   맞아. 결론적으로 이 부모는 자녀에 대해 너는 아무것도 할 수 없는 아이이며, 곧 죽을 것이라고 규정하고 있는 거지. 단지 덜렁거려서 미술 준비물을 준비해 가지 못했다는 이유로 부모는 아이에게 그런 악담을 퍼붓고 영혼을 죽이고 있는 거야. 이런 저주의 말을 들은 아이가 어떻게 긍정적 자아개념을 형성할 수 있겠니? 그리고 어떻게 긍정적 자아존중감이 형성되고 자아정체감으로 발전할 수 있겠어?

학생   그렇다고 해도 이 부모에게 자아정체감이 없다고 단정하기에는 좀 근거가 없지 않나요?

교장   물론 단정 지을 수는 없겠지. 그러나 자아정체감이 발달하지 못했을 때 나타나는 가장 큰 특징은 상대의 행동에 대해 그럴 수 없다고 생각하고 지적하는 거야. 특히 자아정체감이 낮은 경우, 사안이 아니라 사람을 지적하는 특징이 있잖아? 왜 이렇게 덜렁거려? 덜렁거려서 어떻게 살아? 덜렁거려서 뭐가 될 수 있겠어? 이건 모두가……

학생   그렇네요, 선생님. 맞아요. 모두 아이를 지적하고 있어요. 사람을요.

학생이 교장의 말을 끊으며 말했다. 무언가를 발견한 사람처럼 확신에 찬 표정을 짓고 있었다.

교장   그래, 맞아.

학생   그런데 미술 준비물을 번번이 가져가지 않는 아이에게 우리 아들 대단하다고 말하는 부모는 어떻게 그게 가능한 거죠?

교장 이 부모는 왜 화를 내지 않을까?

학생 자아정체감 때문인가요? 아이가 그럴 수 있다는 생각이요.

교장 맞아. 자아정체감 때문이지. 자아정체감이 있는 부모는 중요한 사실을 알고 있기 때문이야. 아이가 덜렁거리는 특성이 있는데, 그것은 아이가 오늘 갑자기 결심해서 생긴 것이 아니라는 것 말이야. 그리고 사람은 누구나 실수할 수 있다는 것도 알고 있어. 그런데도 아이가 하루를 잘 견뎌 내고 집으로 무사히 돌아온 모습을 매우 대견하게 보는 거지.

학생 그런데 이 경우, 부모는 아이가 덜렁거리는 것을 방치하고 내버려 두는 거잖아요? 계속 이렇게 준비물을 안 가져가는 아이로 키우면 덜렁거리는 성향이 더 강해질 수도 있잖아요?

교장 네 말이 맞아. 덜렁거리는 아이를 늘 칭찬하고 힘을 북돋는 것이 바람직한 것은 아니지. 그러나 내가 묻고 싶은 건 아이를 혼내는 방식으로 아이의 덜렁거림이 과연 개선될 수 있느냐는 거야. 부모의 강압적 말이나 행위에 아이의 행동이 바뀌었다 하더라도 그 아이는 긍정적 자아개념을 만드는 것이 쉽지 않을 거야. 그렇지만 네가 지적했듯이 부모가 칭찬만 한다면 아이의 덜렁거리는 태도를 고치기 힘들 거야. 오히려 아이가 자신의 덜렁거림에 대해 심각성을 깨닫지 못해서 전혀 개선되지 못할 가능성이 크지. 그러나 최소한 아이는 자기 자신에 대해 매력 있고, 대단한 사람으로 인식할 수 있어. 아이의 부모가 언제나 아이에게 긍정적 평가를 해주기 때문이지.

학생 그럼, 아이의 행동이 고쳐지지 않더라도 아이에게 긍정적 자아개념만 생기면 문제가 없다는 거예요?

교장 결코 그런 것은 아니야. 아이의 문제 행동도 고쳐 나가야 겠지. 그렇다면 아이의 문제 행동을 개선하는 방법은 뭘까? 그건 아이를 향해 치명적인 말을 내뱉는 것이 아니라, 미술 준비물을 준비하는 시스템을 개선하는 것이라고 생각해. 아이가 미술 준비물을 미리 준비하고 부모님께 검사를 받는 시스템은 어떨까? 또는 부모가 수업 전날에 아이와 함께 미술 준비물을 함께 준비하는 시스템, 아침에 학교에 가기 전에 준비물 점검표에 사인하는 시스템 등을 생각할 수 있어. 이렇게 다양한 아이디어를 통해 아이가 실수를 줄이게 해야지, 부모의 훈계로는 결코 문제 행동을 개선할 수 없어.

학생 맞는 말씀인 것 같아요. 그런데 결국 자아정체감이 낮은 부모가 자녀에게 상처를 주게 되는 일이 필연적이라면 그 자녀는 자아정체감을 만들 수 없는 거네요.

교장 꼭 그런 것은 아니지만, 자아정체감이 낮은 부모는 자녀의 양육 과정에서 자녀가 자아정체감이 있는 사람으로 성장할 수 있도록 돕기 어려운 것 같아. 자아정체감이 높은 부모는 다른 사람의 다양한 특성이나 행동에 대해 그럴 수 있다는 생각을 지니고 있지. 따라서 아이가 성장 과정에서 보여 주는 다양한 행동에 대해 수용적이며 관대해. 또 다른 사람과 비교하며 아이를 평가하는 일도 없을 거야. 반면 자아정체감이 낮은 부모는 어린 자녀의 행동 하나하나에 그래서는 안 된다고 생각하기 때문에 혼내거나 지적하는 행동이 나타날 확률이 높아. 따라서 자녀의 실수에 대해 관대하지 못하고, 칭찬에 인색할 수밖에 없는 거지. 이런 환경에서는 결코 아이의 긍정적 자아개념이 만들어질 수 없겠지. 부모의 자아가 아이에게 영향을 미치는 것은 또 다른 관점에서도 설명할 수 있어. 자아정체감이 높은 부모는 아이의 잘못된 행동을 지도할 때 인간 자체에 대해 지적하지 않아. 단지 행동의 수정에 초점을 맞춰. 그래서 아이는 무엇을 수정해야 하는지, 무엇이 문제인지 쉽게 이해할 수 있어. 이러한 환경에서 자라는 아이는 부모가 자신을 사랑하지 않거나 미워한다고 여기지는 않는 거지. 반면, 자아정체감이 낮은 부모는 자녀의 잘못된 행동을 지도할 때 사안이나 행동에 초점을 맞추기보다는 자녀의 인성이나 역량 등 아이, 즉 사람에게 초점을 맞추게 돼. 게다가 아이를 독특한 한 개인으로 인정하지 못하고 다른 사람과 비교하는 관점에서 평가하게 돼. 따라서 아이의 사소한 실수에 대해서도 너는 문제가 있는 아이라서 개선해야 한다고 말하거나, 다른 아이들은 잘하는데 너는 왜 이러냐는 취지로 이야기를 하게 되는 거야.

학생　이러한 상황에서 아이는 자신이 무엇을 잘못했는지 깨닫기보다는 자기 자신에 대한 부정적 인식만 싹트게 될 수밖에 없겠네요?

교장　맞아. 그게 바로 부정적 자아개념이지. 부정적 자아개념은 결코 자아 발달의 다음 단계인 자아존중감, 그리고 자아정체감으로 발전할 수 없어. 따라서 자아정체감이 낮은 부모 밑에서 자라난 아이는 긍정적 자아개념을 만들기 어려워. 이후 이 아이는 인생을 살아가면서 주변 사람들에게 상처를 잘 받게 되는 거야. 그리고 고통 속에서 살아가면서도 타인을 괴롭히는 인간으로 성장할 가능성이 크지.

부모의 자아정체감이 낮으면
자녀의 긍정적 자아개념을 길러 주는 것이 어렵다.
이런 경우 자녀도 상처를 잘 받는 사람으로 살아갈 가능성이 매우 크다.
이것은 정말 무서운 일이다.

"당신의 이상형 배우자는 현실에 존재하지 않는다."

"노력해도 좋은 부모가 될 수 없는 이유가 있다."

"인간의 본성은 좋은 부모를 만들 수 없다."

16

기술이 아니라 관점이다

학생　고학력 부모는 그렇지 못한 부모에 비해 자아정체감이 높
　　　나요?

교장　그게 왜 궁금해졌지?

학생　자아정체감이 학습으로 발달할 수 있는 건지 궁금해서
　　　요. 저희 아빠는 초등학교까지만 다니셨지만, 제가 생각
　　　할 때 정말 좋은 아빠였거든요.

교장　자아정체감과 학력은 무관한 것 같아. 자아정체감은 공부
　　　해서 만들어지는 것이 아니니까. 심각한 상처를 받고, 인
　　　간관계에서 어려움을 겪어서 나를 찾아왔던 아이 중 상당
　　　수는 부모가 교수, 교사, 의사 등 고학력인 경우였으니까.

학생　그렇다면 부모가 자아정체감에 관해 학습하는 것도 아무

런 의미가 없는 거잖아요?

교장 자아정체감이 낮은 부모라 하더라도 자아정체감의 중요성을 알고 좋은 부모가 되기 위해 노력하는 것은 좋은 자세라고 봐. 자아정체감을 가진 부모의 모습을 적극적으로 학습하고 실행해 나간다면 아이를 키우는 데 도움이 되겠지.

학생 그런데 현실적으로 자아정체감에 관해 부모님들이 제대로 알고 있는 것도 아니잖아요. 대체 그런 것을 어디서 배워야 하는 거죠?

교장 정말 예리한 지적이야. 나는 상담하면서 왜 이렇게 많은 아이가 부모로부터 상처를 받는 것인지에 의문을 품게 되었어. 그리고 연구 끝에 자아정체감의 중요성을 알게 되었지. 그래서 좋은 부모로 길러 주기 위한 교육과정이 현재 우리 학교 교육과정에 있는지 적극적으로 찾아봤어. 그러나 초등학교부터 대학교에 이르기까지 좋은 부모는 어떤 부모이며, 어떻게 해야 좋은 부모인지에 관한 교육은 거의 찾아보기 힘들었지.

학생 고등학교 가정 과목 시간에 '부모됨'이라는 수업을 하고 있는데요?

교장 그래, 좋아. 그럼 가정 시간에 부모됨에 대해서 배운 것 중에 가장 기억에 남는 게 뭐지?

학생이 잠시 생각하더니 약간 자신 없는 목소리로 대답했다.

학생　글쎄요. 스턴버그의 '사랑의 삼각형' 이론? 아니면 어떤 배우자를 선택해야 하는지?

　　교장은 학생의 이야기를 듣다가 웃었다. 교장이 웃는 모습을 보고 학생은 약간 민망해했다. 그 모습에 교장은 자신이 학생의 대답을 비웃는 것으로 보인 것 같아 바로 변명했다.

교장　너의 대답이 우스운 게 아니라, 내가 예측한 대답이 나와서 웃은 거야. 고등학교 가정 교과서 중에 미국의 심리학자인 로버트 스턴버그Robert Sternberg의 사랑의 삼각형 이론을 다루지 않은 책이 없다는 것이 너무 우습기도 하고 말이야. 근데 그 이론은 부모 교육이 아니라 남녀 간의 사랑과 결혼에 관한 이론 아니었니?

학생　그런 것 같아요. 그게 결혼이라는 단원에서 함께 배우다 보니 제가 잠시 착각했나 봐요.

교장　너는 사랑의 삼각형 이론을 통해 무엇을 알게 되었니?

학생　사랑은 친밀감, 열정, 책임감으로 구성되어 있고요. 사랑의 초기 단계에는 열정이 가장 높게 나타나다가, 시간이 지나갈수록 친밀감과 책임감이 높아진다는 거요.

교장　공부를 열심히 했네? 그렇다면 사랑의 삼각형 이론에서 무엇을 배웠니?

학생　네? 방금 말씀드렸는데요?

교장　이론의 뜻 말고 네가 그것을 통해 배운 것이 뭐냐는 거야.

학생　음……. 그런 생각은 안 해봤는데요? 그 내용을 외워서 시험 본 것 외에는 특별히 기억에 남는 건 없는 것 같아요.

교장 스턴버그의 이론을 보면 사랑과 결혼은 너무 슬프지. 남녀, 두 사람의 만남이 처음에는 열정으로 시작해서, 나중에는 열정 없이 단지 친밀감으로 그리고 책임감으로 살아가는 거니까 말이야.

학생 저는 그런 생각까지는 못 했어요. 그런데 사랑이 책임감으로 변한다는 말은 너무 슬픈 거 같아요. 스턴버그 이론이 그런 건지 몰랐어요.

교장 사랑과 결혼이 결국 책임감만 남게 된다고 생각하면 참 슬퍼. 그렇지만 이 이론에 따르면 책임감도 사랑을 이루는 한 요소야. 열정이 있을 때의 사랑은 노력하지 않아도 자연스럽게 유지되지만, 이후의 사랑은 서로의 노력으로 더 견고하게 만들어진다고 해석할 수 있겠지?

학생 제가 수업 시간에 들은 내용과는 전혀 다른 해석이어서…….

교장 그래? 한 이론을 해석하는 관점은 다를 수 있으니까. 그럼, 너는 배우자의 선택에 관해서도 수업을 들었다고 했잖아? 그 수업을 통해서는 무엇을 배웠지?

학생 가정 시간 말씀하시는 거죠?

교장 그래.

학생 결혼할 때 선택해야 할 좋은 배우자의 특성들에 관해 배운 것 같은데요?

학생은 좋은 배우자의 특성에 관해 수업 시간에 배운 것을 기억해 내려고 노력했다. 그런데 교장이 더 말하지 않아도 알겠다는 의미로 고개를 끄덕였기에 학생은 생각을 멈추었다.

교장 너는 네가 배운 특성들을 가진 배우자가 있다고 생각하
      니?

학생 무슨 뜻인가요?

교장 네가 수업 시간에 배운 그렇게 완벽한 배우자가 현실에
      존재한다고 생각하느냐는 거야.

학생 솔직히 생각을 안 해봤어요. 근데 어떻게 가정 수업에 관
      해 그렇게 빠삭하세요?

교장 아까 내가 좋은 부모에 관해 배울 수 있는 교육과정을 찾
      아봤다고 했잖아? 그랬더니 우리나라에는 가정 교과 수
      업이 유일하게 열려 있다는 것을 알았거든. 그래서 그 수
      업에서 다루는 내용이 무엇인지 교과서를 분석해 본 적이
      있어. '사랑과 결혼', '부모됨'이라는 단원이 있더라고. 그
      런데 나는 이 단원에서 가르치는 내용이 결국은 다른 사
      람을 탓하는 방법이라는 생각이 들었어. 사랑이라는 단
      원에는 학자들의 주장과 이론만 있었어. 그리고 결혼이
      라는 단원에는 어떤 배우자가 좋은 배우자인지 특성들을
      제시하고 있었지. 그런데 현실에서 학생들이 배운 것처
      럼 그렇게 이상적인 배우자가 과연 존재하느냐는 거야.

학생 그래도 결혼을 하려면 좋은 배우자를 선택할 수 있어야
      하잖아요. 일생을 함께 살 사람인데 신중하게 선택해야
      하는 것이 틀린 건 아니잖아요?

교장 너의 말도 일리가 있어. 그렇지만 상대가 어떠해야 하는

지보다 중요한 것은 내가 어떤 배우자가 되어야 하는지 아닐까? 세상에 완벽한 사람이 없다는 것은 진리야. 내가 완벽하지 못하듯이 내가 앞으로 만날 배우자도 완벽할 수 없다는 거지. 결혼이란 완벽한 사람이 아닌 인생의 먼 길을 같이 걸어야 할 동반자를 만나는 거 아니겠어? 상대가 넘어지고 다치더라도 다시 일으켜 힘을 내서 같이 갈 수 있는 동반자 말이야. 그런데 학생들이 수업 시간에 좋은 배우자를 선택하는 내용을 집중적으로 배우고, 그 조건에 가장 가까운 배우자와 결혼을 한다고 치자. 과연 무슨 일이 일어날까? 그 사람이 완벽한 사람이 아닌 이상, 그런 좋은 배우자가 될 수는 없는 거잖아. 그러니 자신의 배우자가 수업 시간에 배운 바람직한 배우자상이 아니라는 것을 완전히 깨닫는 데는 오랜 시간이 걸리지 않을 거야. 이경우 자신이 좋은 배우자를 선택하지 못했다는 것에 분노를 느끼거나 배우자에게 속았다고 생각해서 이혼을 결심할 수도 있겠지. 최근 우리나라 부부의 이혼율이 높아진점이 이를 증명한다고 생각해.

학생 그러면 어떤 수업이어야 한다고 생각하세요?

교장 현재 '부모됨'과 관련된 수업은 아이에게 부모가 신체적, 물질적으로 어떤 지원을 해줘야 하는지에 초점이 맞추어져 있는 것 같아. 임신하면 몸 관리를 어떻게 해야 하고, 아이가 태어나면 목욕을 어떻게 시켜야 하고, 아이에게 어떤 것을 먹여야 하고, 아이를 위한 공간은 어떻게 꾸며야 하고, 장난감은 나이별로 어떤 것을 제공해야 하는지 말이야. 이렇다 보니 결혼을 꿈꾸는 사람 중 부모가 되는 일에 지레 겁을 먹고 거부하는 현상도 생기고 있잖아. 많은 인구 관련 학자들은 현재 사람들이 경제적으로 어려워서 자녀를 출산하지 않는다고 주장하지. 하지만 내가 보기에는 부모가 되는 것이 두려운 것으로 생각해. 너도 알겠지만 우리나라는 출산율이 굉장히 낮잖아? 나는 학생들을 자아정체감이 있는 부모의 모습으로 길러 내는 교육을 해야 한다고 생각해.

학생 자아정체감이 있는 부모의 모습으로 길러 내는 교육이라고요? 어떤 방법으로 할 수 있는 거죠?

교장 적어도 좋은 부모가 어떤 부모인지 생각해 보는 교육이어야 해. 부모는 어떻게 대화해야 하고, 아이와 어떻게 소통해야 하고, 아이를 독립체로 어떻게 대우해야 하는지를 다루어야 한다고 생각해.

학생 학교에서 그런 교육이 이루어지면 부모의 자아정체성을 만드는 데 도움이 된다고 생각하시는 거네요?

교장 아니, 그런 뜻은 아니야. 적어도 그런 내용이 포함되어 있어야 한다는 거지. 진짜 중요한 것은 양육 기술이 아니라, 부모가 자녀를 바라보는 관점이야. 올바른 관점을 길러 줘야 자아정체감이 있는 부모와 비슷하게 행동하는 부모가 될 수 있다고 생각해. 자아정체감을 기를 수는 없어도, 자신이 지닌 낮은 자아정체감을 자녀에게 유전시키지 않을 수 있다는 거지.

자아정체감이 부족한 부모가

아이의 자아정체감을 길러 줄 수 있을까?

진짜로 필요한 부모 교육은

자아정체감이 있는 부모의 모습으로 길러 내는 것이다.

실제 부모가 자아정체감이 부족하더라도

좋은 부모가 어떤 부모인지 알아야 한다.

아이를 독립체로 어떻게 대우해야 하는지 아는 부모는

자아정체감이 낮더라도 자아정체감이 있는 부모와 다르지 않게

아이를 기를 수 있는 희망이 있기 때문이다.

"자녀에게 상처받는 습관을 길러 주는 부모가 있다."

"우리나라 부모 중에는 피해야 할 세 가지 유형이 있다."

"유대인은 하브루타가 아닌 자아정체감으로
강한 아이를 만든다."

17

상처받지 않는 자아를 기르는 부모, 유대인

교장   아인슈타인은 어렸을 때, 전교에서 꼴찌를 하는 학생이었
         어. 독일인이었던 그의 담임 교사는 통지표의 담임 의견
         란에 '이 아이는 아무것도 잘할 수 없으며, 어떠한 가능성
         도 보이지 않는다.'라고 기록했대. 그리고 그 통지표는 아
         인슈타인의 손에 들려 그의 어머니께 전해졌지. 그 통지
         표를 받아 온 아들에게 그의 어머니는 뭐라고 말했을까?

교장의 질문을 받은 학생은 한참을 골몰히 생각만 하고 대답하
지 못했다. 그래서 교장은 질문을 바꿔야겠다고 생각했다.

교장   그 질문이 어려우면 다시 말할게. 네가 아인슈타인의 어

머니라면 뭐라고 대답해 주겠니? 엄마를 안 해봐서 모른다는 대답은 하지 말고.

학생은 '풋!' 웃더니 다시 한참 동안 생각에 잠겼다.

학생   제가 엄마라면 상처받지 마. 공부를 못하는 것은 죄가 아니니까 힘내. 다른 길을 찾아보자고 말해 줄 것 같아요.

교장   생각을 많이 했네? 그런데 왜 아이에게 그렇게 말해야겠다고 생각한 거지?

학생   아이가 담임 선생님으로부터 상처를 받으면 안 되니까요. 그리고 공부를 좀 못하면 어떠냐는 생각도 들고요. 이 경우 가장 필요한 것은 선생님께 상처받은 아이를 위로하는 게 아닐까요?

교장   그래. 자녀에게 그렇게 말씀해 주시는 부모님이 있을 수 있지. 참 따스한 부모님 유형이라는 생각도 들어. 그렇지만 부모가 아이에게 상처받지 말라고 위로한들 아이가 상처를 안 받을까? 상처는 누가 받으라고 해서 받는 것도, 받지 말라고 해서 안 받는 것도 아니잖아.

학생   그래도 선생님이 아이에게 너무 상처 주는 내용을 썼잖아요. 공부를 못한다고 아무것도 하지 못하는 건 아닐 텐데 말이에요.

교장   나도 그렇게 생각해. 그래서 부모가 대응을 어떻게 하느냐가 더 중요한 거지. 너는 아이에게 공부 못하는 것은 죄가 아니니 다른 길을 찾아보자고 말할 것 같다고 했지? 그런데 그 말은 아이가 앞으로도 공부를 못한다는 것을 전제로 깔고 있다고 생각해. 이 경우 부모는 이미 아이를 부정적으로 평가했다는 거지. 따라서 아이에게 긍정적 자아개념이 형성되는 것을 기대하기는 매우 어렵지 않을까? 또 공부를 중요하게 여기지 않도록 유도하는 부모의 말로 인해 공부와 관련해서 아이의 행동이 바뀔 가능성은 더욱 희박해질 수 있어. 그뿐만 아니라 아이는 자신이 상처를 받을까 봐 부모가 전전긍긍한다는 것을 눈치챌 것 같기도 해.

학생   정말 놀라운 분석이네요. 그런데 저는 아이에게 해줄 특별한 다른 말이 생각나지 않아요.

교장   나는 오랫동안 다양한 학부모님들을 만나왔어. 그 경험을 토대로 볼 때 아인슈타인의 통지표에 적힌 선생님의 의견을 대하는 부모의 반응에는 크게 세 가지 유형이 있어.

학생   제가 말한 의견도 그 세 가지에 포함되나요?

교장   물론이지. 대부분 부모가 보이는 반응이야.

학생   나머지 두 가지는 어떻게 반응하는지 너무 궁금해요.

교장   두 번째 유형의 부모는 아이의 통지표에 적힌 내용을 보고 너무 절망하면서 아이에게 이렇게 말할 거야. '너는 어떻게 꼴찌를 할 수 있니?', '왜 이렇게 공부를 안 해?', '너도 공부하면 다른 애들처럼 성적이 오를 수 있어.'

학생   그런 말을 들으면 아이가 상처를 많이 받을 거 같아요.

교장   왜 그렇게 생각하지?

학생   이 부모는 아이를 다른 사람과 비교할 뿐 아니라 비교 결과를 가지고 아이를 비판하고 있잖아요. 이 상황에서 아이는 자신에 대해 결코 좋게 생각할 수 없을 것 같아요. 그러면 긍정적 자아개념이 형성될 가능성이 매우 낮은 거죠.

교장 대단한걸? 정확한 분석이야. 그런데 이 경우 아이는 성적을 올릴 수 있을 것으로 생각하니?

학생 아무래도 부모가 너무 무섭게 관리하니까 일시적으로는 오를 수도 있을 것 같아요.

교장 부모는 아이에게 더 노력하라고 주문하겠지만, 현실적으로는 꼴찌 한 아이가 노력을 어떻게 해야 하는지 알기 어려울 거야. 부모의 말 한마디에 갑자기 성적이 향상되길 기대하기는 불가능하다고 생각해. 아이는 어찌해야 할지 방법을 몰라 더 상처받게 되고, 부정적 자아개념은 갈수록 커지게 되겠지.

학생 맞아요. 공부하는 방법을 모르는 꼴찌한테 노력을 강요한다고 해서 성적이 오를 수는 없어요. 오히려 더 자포자기할 거 같아요.

교장 마지막 세 번째 유형의 부모는 아이의 성적이나 통지표에 적힌 내용보다는 학생의 손에 이러한 내용의 글을 적어 보낸 선생님에게 화를 내는 유형이야.

학생 그런 경우도 있나요?

교장 정말 많아. 내가 학교에서 관리자로 근무하면서 정말 많이 접했던 유형인걸? 아주 다양한 일들을 경험했어. 이 경우 부모는 아이를 향해 '담임 선생님이 이렇게 쓴 거 맞지?', '직접 봉투에 넣지도 않고 네 손에 들려서 이렇게 보냈어?', '선생이라는 작자가 학생에 대해 아무것도 할 수 없고, 가능성도 없다고 평가하다니 어떻게 아이의 인권을 이렇게 말살해? 절대로 용서하지 않겠어.'라고 말하지. 심지어 학교에 찾아가서 교장이나 담임 교사에게 강하게 항의하거나, 담임 교사에게 고통을 주기 위해 교육청에 고발하는 것도 불사하지.

학생　이 부모도 문제가 있어 보이긴 하지만요. 일단 아이에게 직접 뭐라고 하는 것은 아니잖아요. 그러니까 아이에게 부정적 자아개념을 만들어 내는 건 아니지 않나요?

교장　과연 그럴까? 나는 이 유형의 부모가 세 가지 유형 중 자아정체감이 가장 낮다고 생각해. 이 부모는 어떤 문제가 발생했을 때, 그 사안이나 본질보다는 다른 상대에게 어떤 탓을 할 것인지를 찾아 승복시킴으로써 사태를 해결하려 하잖아? 이 상황에서 아이는 자아정체감이 발달하기 어려워. 오히려 다른 사람을 탓하는 사람, 즉 자아정체감이 가장 낮을 때 나타나는 증상을 배울 뿐이야. 또 교사를 고발해서 사과를 받는다고 해도, 문제의 본질은 전혀 해결되지 않은 상태인 거지. 더구나 담임 교사는 아이에게 어떤 심각한 일이 발생하더라도 이후에는 부모에게 어떤 정보도 주지 않을 가능성도 있어. 항상 다른 사람을 탓하는 사람과 얽히는 걸 좋아하는 사람은 없거든.

학생　생각해 보니 모두 사람에게 초점을 맞추는 부모네요. 아이에게 혹은 담임에게 말이에요. 그럼, 아인슈타인의 어머니는 어떤 말을 한 거죠?

교장 음, 세 가지 유형과는 다른 답을 했지. 네가 생각할 때 다른 답은 뭐였을 것 같아?

학생은 턱을 손바닥으로 괴고 한동안 생각하다가, 고개를 좌우로 흔들고는 드디어 입을 열었다.

학생 아무리 생각해 봐도 다른 특별한 대답은 떠오르지 않는데요?

교장 아인슈타인의 어머니는 담임 교사에 의해 전교 꼴찌로, 아무것도 할 수 없는 아이로 기록된 아들에게 이렇게 말했어. '너는 정말 다른 사람과는 다른 생각을 하는 아이구나. 너는 앞으로 그 누구와도 다른 특별한 사람이 될 거야.'

학생 아들이 능력을 나타낼 때까지 천천히 기다리는 참을성 많은 어머니라는 의미인가요?

교장 글쎄.

학생 아니라면 아인슈타인에 대해 있는 그대로의 모습을 받아들인다는 뜻일까요?

교장 아마도 사람들은 아인슈타인의 어머니가 본성을 억누르는 참을성이 많은 엄마라고 생각할 수 있을 거야. 또는 아들이 전교 꼴찌인 상황을 그냥 그대로 받아들이는 어머니라고 해석할지도 모르지. 그러나 아인슈타인의 어머니를 보는 나의 관점은 완전히 달라. 그녀가 화를 억누르거나 아이를 가엾게 여겨서 그렇게 이야기한 것이 아니라는 거야. 그녀는 진심으로 아인슈타인에 대해 '이 아이는 정말 다른 사람과는 다른 생각을 하는, 남들이 일반적으로 대답하는 내용이 아닌 독특한 대답을 하는 아이네? 남과 다른 생각을 하는 이 아이는 앞으로 대단한 일을 해낼 힘이 있을 거야.'라고 믿었다는 거지.

학생 다른 부모들에 비해 아들에 대한 믿음이 특별히 강한 어머니라고 보시는 건가요?

교장 그럴 수도 있겠지. 그런데 자녀가 잘할 수 있다고 믿는 부모라면 오히려 통지표를 보고 더 크게 실망하지 않을까? 내 생각에 아인슈타인의 어머니는 단지 자아정체감이 높은 사람이었던 것 같아. 그녀는 꼴찌를 한 아들의 성적을 다른 아이들과 비교하지 않고, 아인슈타인의 독특성으로 바라보았어. 그리고 담임 교사가 아이를 그렇게 평가할 수도 있다고 생각한 거지. 이러한 특성은 자아정체감이 발달한 사람에게서 나타나는 거잖아? 그리고 더 중요한 것은 아인슈타인은 그의 어머니가 자신을 다른 사람과는 다른 멋진 아이로 생각한다는 것을 완전히 의심 없이 믿었다는 거지. 이 믿음이 긍정적 자아개념을 만들어 갈 수 있던 거야.

학생 아이가 어머니에게 그런 말을 들었을 때 단지 위로의 말이라고 생각할 수도 있잖아요? 현실적으로는 더 그렇죠.

교장 평소 어머니가 그런 모습을 일관되게 보여 주었다면 믿는 게 가능해. 아이를 남과 비교하지 않고 독립체로 인정하는 모습 말이야.

학생 부모가 자녀의 긍정적 자아개념을 만들어 준다는 것이 무

엇인지는 알 것 같아요. 그런데 부모가 자녀의 자아정체
감을 키우는 데 그렇게 큰 영향을 미친다면 아인슈타인
어머니의 자아정체감도 그녀의 어머니가 키운 게 되잖아
요? 그렇다면 자아정체감이 없는 부모의 자녀는 대체 누
구를 통해 자아정체감을 만들어야 하나요? 그 자녀도 나
중에 부모가 될 텐데 말이죠.

교장 중요한 지적이야. 우리는 부모가 되기 전에 '좋은 부모'에
관해 생각해 보는 기회가 거의 없는 것 같아. 결혼하는 사
람들조차 혼인 전에 좋은 아빠, 좋은 엄마가 되기 위한 구
체적 계획이나 약속을 하는 일은 매우 드물잖아. 보통은
어느 날 어떤 사람과 사랑에 빠져서 결혼하고, 배우자와
의 사랑이 미래의 모든 문제를 해결해 줄 것이라고 믿지.

학생 그럼, 아인슈타인의 어머니는 좋은 엄마가 되는 방법을
배웠다거나 결혼 전에 약속이라도 한 걸까요?

교장 나는 자녀를 자아정체감이 있는 아이로 길러 내는 부모는
어떤 모습을 보이는지 관심을 가지게 되면서 그런 부모의
사례를 찾기 위해 노력했어. 처음에는 '과연 내가 그런 부
모의 사례를 찾는 것이 가능할까?'라고 생각했지만 실제
로 그리 어려운 일은 아니었어.

교장은 말을 하다 말고 학생을 보며 미소 지었다.

교장 아인슈타인, 에디슨, 뉴턴, 프로이트, 앨빈 토플러, 스티
븐 스필버그, 카를 마르크스, 에리히 프롬, 마크 저커버그

의 공통점이 뭔지 아니?

학생 천재?

교장 그것도 틀린 말은 아니네. 그런데 내가 말하고 싶은 공통점은 그들이 모두 유대인이라는 거야. 자아정체감이 높아 상처받지 않는 아이를 길러 내는 부모의 사례를 찾던 중에 많은 사람이 훌륭한 부모로 유대인을 추천하고 있다는 것을 알게 되었지.

학생 저도 학교 도서관에서 하브루타에 관한 책을 읽은 적이 있는데 유대인의 대화법, 토론, 문답에 관한 것으로 기억해요.

교장 나도 처음에는 단순히 하브루타에 관해 기대하며 유대인 관련 책을 읽었어. 그런데 책을 읽을수록 유대인 부모들은 자아정체감이 매우 높게 발달해 있다는 것을 깨달았어. 우리가 유대인들에게 배워야 할 것은 하브루타가 아니라 자아정체감이라는 생각이 절실히 들었지. 이후 나는 유대인에 관한 다양한 서적을 가리지 않고 다 읽어 봤어. 그리고 유대인의 자녀 교육이 높게 평가받는 이유가 하브루타가 아닌 자아정체감 때문이라고 확신하게 되었어.

학생 그 천재들이 모두 유대인이라는 사실이 정말 엄청나긴 해요. 그렇지만 유대인 중에 유명한 천재가 많다고 해서 유대인의 부모를 좋은 부모로 보는 건 좀 무리가 있지 않나요? 아니, 유대인의 부모를 성공한 사례로 생각하시는 이유가 있나요?

교장 나는 대답 전에 너에게 묻고 싶어. 만일 네가 부모라면 자녀가 어떤 사람으로 자랐으면 좋겠니?

학생　선생님 말씀은 부모들이 바라는 자녀의 표본이 유대인이라는 건가요?

학생은 교장의 질문에 대답 대신 다시 질문을 했다. 그리고 교장은 예상치 못한 학생의 질문에 미소를 보였다.

교장　내가 읽은 여러 권의 유대인 관련 책에는 그들에 관한 다양한 정보가 실려 있었어. 그중에서도 내가 놀란 것은 유대인 인구가 세계 인구의 0.2% 정도밖에 안 되는데, 이들이 역대 노벨상 중 27%를 휩쓸었다는 거야. 이뿐만이 아니야. 세계 최상위 로펌 변호사의 30%, 하버드대학교 교수와 학생의 30%, 예일대학교 학생의 30%, 세계 100대 기업 CEO의 30%가 유대인이었어. 또 그들은 미국의 ABC, CBS, NBC, FOX, 뉴욕 타임즈, 워싱턴 포스트, 월 스트리트 저널, 로스앤젤레스 타임즈 등 영향력 있는 방송사와 언론사의 대표이기도 했어.

학생　상상할 수 없게 엄청나긴 하네요. 그러면 유대인들이 노벨상을 많이 타고, 훌륭한 교수들과 지식인들을 많이 배출하고, 유명 기업의 대표를 맡고 있다고 해서 자아정체감이 발달한 민족이라고 생각하시는 건가요? 제 기억에 선생님은 자아정체감은 학력과 무관하다고 말씀하신 것 같은데요?

교장　물론 그들이 노벨상을 받고 하버드대 교수라고 해서 자아정체감이 발달했다는 뜻은 아니야. 단지 우리나라 인구 수보다 적은 그들이 전 세계의 대단한 인물들을 많이 배출하고 있다는 것을 얘기하고 싶었지.

학생 물론 그렇게 세계적인 인물을 낳은 부모라고 한다면 정말 대단하죠. 인정해요. 자식이 커서 노벨상을 타면 부모로서 그런 영광은 없을 테니까요.

교장 많은 사람이 유대인이 세계를 주름잡는 이유로 그들의 교육법인 하브루타에 관심을 가져야 한다고 이야기해. 하지만 나는 그들이 그렇게 성장할 수 있던 밑바탕에는 자아정체감이 있다고 생각해.

학생 왜 그렇게 생각하시는 거죠?

교장 그런데 너는 왜 책을 읽니?

학생 책을 왜 읽냐고요?

교장 아니, 그런 뜻이 아니라 평소에 왜 책을 읽느냐는 거야.

교장의 질문이 뜬금없다고 생각했는지, 학생은 잠시 당황한 표정을 감추지 못했다.

학생 무엇인가를 배우고 싶어서요? 그럼, 선생님은 왜 읽으세요?

교장 나도 너와 비슷해. 그냥 읽고 싶어서, 재미있어서 읽는 것 같아.

학생 저도 그런 것 같아요.

교장 그런데 유대인이 책을 읽는 이유는 다르더라고. 그들은 글쓴이의 주장을 비판하기 위해 책을 읽어.

학생   글쓴이의 주장을 비판하기 위해서라면 상대를 승복시키거나 싸우기 위해 읽는다는 건가요?

교장   아니, 전혀 그런 뜻이 아니야. 유대인들은 서로 문답을 통해 의견을 나누고 학습을 해나가지. 이때 어떤 이론에 관해 토론하려면 독서를 통해 이론가의 의도와 주장을 정확히 파악해야 해. 그리고 그 내용을 뛰어넘는 자신만의 이론을 정립해야 가능한 거지. 우리가 책을 읽는 이유는 글쓴이의 생각이나 이론을 배우기 위해, 혹은 관심 있는 내용에서 재미를 느껴서 읽는 경우가 많지. 그러나 유대인들은 다른 사람이 쓴 책을 그대로 읽기만 하는 것이 아니야. 글쓴이가 쓴 내용과 내 생각이 어떻게 다른지를 알리기 위해 책을 읽는 거지. 유대인들이 글쓴이의 생각을 뛰어넘는 새로운 생각을 주장한다는 것은 글쓴이를 무시하거나 비난하는 것이 아니야. 글쓴이의 생각을 바탕으로 다른 사람과 다른 나만의 독특한 생각을 만들어 내는 거지. 나만의 독특한 생각, 이것이 바로 자아정체감이잖아? 다른 사람과 비교하지 않는 나만의 생각 말이야.

학생   그렇네요. 그러한 특성 덕분에 노벨상을 받고, 새로운 아이디어를 내서 돈을 벌고, 그렇게 이어지는 거네요?

교장   그런 것 같아. 미국의 메인주에 있는 한 연구소에서 발표한 학습 피라미드 이론에 따르면 강의보다는 읽기, 읽기보다는 시청각 수업, 시청각 수업보다는 강사가 앞에서 시범을 보이는 수업, 시범수업보다는 토론수업, 토론수업보다는 서로 가르치는 수업이 효과가 있다고 해. 여기서 가장 효과가 있다고 주목한 방식이 바로 유대인들의 학습 방식이기도 하지. 물론 학습 피라미드 이론에서 유대인을 언급한 것은 아니지만 말이야. 나는 유대인들의 학습 방식이 바로 학습 피라미드에서 최고의 학습법으로 제시한 서로 가르치는 방식과 같다고 생각해. 상대의 주장을 듣거나 읽고, 완전히 이해한 후에 기존 이론을 뛰어넘는 새로운 이론을 제시하는 방식 말이야.

학생   그 방식은 우리도 많이 사용하고 있어요. 저도 도서관에서 수업 주제와 관련된 책을 찾아서 읽고, 그 주제에 관해 아이들과 토론하는 수업을 하거든요?

교장   맞아. 그렇지만 우리가 평소 수업이나 자녀 교육에서 그 방식을 적용하려 시도해도 유대인들과는 큰 차이가 있어. 우리는 아이의 창의성이나 성적 향상 등 특별한 목적을 갖고 인위적으로 토론수업을 적용하지. 네가 수업 시간에 독서와 토론수업을 한 것처럼 말이야. 그러나 유대인들은 어떠한 목적을 달성하기 위해 억지로 책을 읽거나 토론을 하는 것이 아니야. 그들은 본래 전통적으로 토론을 통해 자신과 생각이 다른 사람의 관점을 듣고 싶어 해. 그리고 그것을 바탕으로 자신과 다른 사람의 생각이 어떻게 다른지 이야기하는 것을 중요하게 생각해. 이런 생각을 기반으로 하지 않는 하브루타는 실제 아무런 의미가 없어. 하브루타는 그야말로 집단지성을 발휘하는 중요한 장이 되는 거지. 이러한 특징 덕분에 그들이 다양한 학문 분야에서 노벨상을 받는 것 같아. 노벨상의 핵심은 지금까지 누구도 발견하지 못한 새로운 이론을 제시하고 증명해야 하는 거잖아.

학생 토론을 하면 어쩔 수 없이 상대와 싸우게 되지 않나요? 토론은 논쟁과 거의 같은 의미니까요. 서로 내 말이 옳고 너의 말은 틀렸다는 것을 증명해야 하는 거잖아요. 토론수업은 물론이고, 저는 TV에서 정치인들이 토론하는 장면을 시청하는 것만으로도 머리가 아프거든요. 그런데 어떻게 유대인들은 서로 더 좋은 아이디어를 얻어 내는 식의 토론이 가능할까요?

교장 전 세계적으로 유대인의 인구가 1,600만 명 정도이고, 그중 약 50%가 현재 미국에 거주하고 있다고 들었어. 그들은 이스라엘에 살든, 아니면 미국에 살든 모두 탈무드를 공부한다는 공통점이 있지. 특히 미국에서 거주하는 유대인 아이들은 정규 학교 수업을 마친 후에 다시 방과 후 수업으로 유대인 학교에 가서 탈무드를 공부해. 우리는 탈무드를 명언 모음집 정도로 아는 경우가 많지. 그런데 실제 탈무드는 다양한 이슈에 관한 질문과 논증의 기록이라고 할 수 있어. 탈무드는 20권으로 구성된 방대한 책인데 네 단계의 구성이 아주 독특해. 삶의 지혜 또는 다양한 이슈와 관련된 주제의 핵심 구절이나 질문이 가운데에 주어져 있어. 그 아래에는 200~500년대 학자들이 남겨 놓은 해설이 있어. 그리고 이를 둘러싼 오른쪽에는 프랑스 대학자의 해설이 있지. 또 가운데 핵심 구절을 중심으로 나머지 부분은 다양한 학자들의 견해와 해설들이 둘러싸고 있어. 유대인 아이들은 이 책을 철저히 읽고 토론하는 과정을 거치지. 그런데 한번 생각해 봐. 나는 이 책, 탈무드의 구성은 그 자체로도 커다란 의미가 있다고 생각해. 한 가지 질문에 대해 한 가지 답이 아닌 다양한 사람들의 의견이 있을 수 있다는 것을 보여 주고 있잖아? 유대인 아이들은 이미 은연중에 자신과 다른 사람의 의견이 서로 다를 수 있다는 것을 이 책의 구조만으로도 배우는 거지. 다른 사람의 의견을 자신이 모르는 새로운 지식으로 받아들이는 거야. 그리고 그것에 대한 자기 생각과 아이디어를 발표하는 거지. 그런 과정이 자아정체감을 키우는 데 정말 큰 도움이 된 거야.

아인슈타인의 담임 교사가 통지표의 담임 의견란에
이 아이는 아무것도 잘할 수 없으며,
어떠한 가능성도 보이지 않는다고 써서 보냈다.
이런 상황에서도 유대인인 아인슈타인의 어머니는
단지 자신의 아이가 다른 아이와는 다르다는 것에 놀랐고,
오히려 기쁘게 받아들였다는 점을 생각해 봐야 한다.
그리고 더 중요한 것은 아이는 부모의 그러한 말과 행동이
가식이 아니라 진심이라는 것을 알고 있었다는 점이다.

"유대인은 결혼 전, 임신 중, 출산 후에
놀라운 부모 교육을 받는다."

"유대인은 임신한 태아를 신으로 인식하고, 태담한다."

"당신이 아이를 사랑하는지보다
아이가 당신이 자신을 사랑하고 있다는 것을
아는 것이 훨씬 더 중요하다."

18

유대인 부모 교육의 비밀과
부모인 당신이 지금 해야 할 일

학생 유대인의 학습 방법은 다른 사람의 생각을 인정하고, 그 걸 바탕으로 자기 생각을 추가해 또 다른 자신만의 생각 을 만들어 내는 거라고 하셨죠. 다른 사람과 다른 나를 인 정한다는 점에서는 자아정체감 발달에 도움이 되겠죠. 하지만 선생님이 지금까지 강조하셨듯 자아정체감 단계 로 가기 위해서는 먼저 자신을 좋게 인식하는 긍정적 자 아개념이 만들어져야 하는 것 아닌가요?

교장은 학생의 질문을 듣고 일어나 학생을 향해 박수를 보냈 다. 학생은 교장의 모습을 보고 겸손을 표하듯 웃으며 손사래를 쳤다.

교장 정말 대단하구나. 놀라운 지적이야. 자아정체감의 시작은 당연히 긍정적 자아개념이지. 유대인들은 근본적으로 자신의 태생에 대해서도 특별한 자긍심을 갖는 민족으로 키워져. 놀랍게도 부모는 자녀가 만 3세가 되면 유대인 합동 캠프를 제공해. 이 캠프를 통해 아이들에게 유대인이 얼마나 훌륭한 민족인지를 확실하게 각인시키는 걸 볼 수 있었어. 현재 우리가 많이 접하는 유대인 민족의 우수성에 관한 각종 자료도 유대인들이 만든 유대인 교육자료라는 말이 있어. 아이들은 캠프 프로그램을 통해 그들 민족이 노벨상을 많이 탄 우수 민족이며, 지식인·경제인으로서 세계적으로 엄청난 영향을 미치고 있다는 점을 확실히 인지하게 돼. 그래서 유대인 아이들은 자신의 뿌리에 대해 무한한 긍정성을 갖게 되는 거야.

학생 유대인의 자아정체감 교육에 관한 선생님 말씀에 전적으로 동의해요. 그런데 이러한 것들이 아인슈타인 어머니가 자식을 대하는 방식에 어떻게 적용된 거죠?

교장 사실, 부모의 본능으로는 절대로 아인슈타인의 어머니처럼 말하기 힘들어. '꼴찌를 해서 이제 앞으로 아무것도 할 수 없는 아이'라는 담임 교사의 평가에 '너는 독특한 아이로 앞으로 특별한 사람이 될 거야.'라고 생각하는 것은 거의 불가능하지.

학생 부모의 본능은 어떤 건데요?

교장 그건 사실 부모의 본능이기보다 인간의 본능일 수도 있어. 너에게 문제를 하나 내볼까?

학생은 눈을 반짝이며 교장의 입을 주시했다.

교장 네가 나중에 부모가 되었을 때 자녀에게 어떤 기대를 하는 부모가 되고 싶은지 다음 세 가지 중에 골라 봐. 1번, 남과 같은 정도는 되어야 한다. 2번, 남보다 더 잘해야 한다. 3번, 남과 다른 사람이 되어야 한다.

학생은 교장의 질문이 끝나자마자 망설임 없이 3번이라고 대답했다.

교장 그래. 그게 바로 아인슈타인의 어머니가 한 대답이었지.

학생 저는 이제 아인슈타인의 어머니 수준으로 올라온 거네요?

교장은 농담하는 학생의 모습에 크게 웃었고, 학생도 흰 이를 드러내며 웃었다. 교장은 학생의 모습에서 왠지 모를 안도감이 들었다.

교장 부모의 본능이 어떤 거냐고 물었지? 이건 모든 인간의 본능과 같은 의미로 쓰일 수도 있는데, 예를 하나 들어 볼까? 내 아들은 초등학교 때 음악 과목을 매우 어려워했어. 그래서 음악 점수가 60점대 수준에 머물러 있었어. 그러던 어느 날 아이가 채점된 음악 시험지를 들고 왔는데 92점을 맞은 거야. 나는 아이의 음악 공부 때문에 걱정을 하던 터라 점수를 보고 매우 기뻐했지. 그러고는 아이를 안아주면서 '네가 이렇게 잘할 줄 알았어. 정말 대단하다.' 라고 칭찬을 아끼지 않았어. 그런데 아이에게 말을 하면서 살짝 궁금증이 생기는 거야.

교장이 이야기하는 도중에 갑자기 학생이 웃음소리를 내며 끼어들었다.

학생　다른 애들은 몇 점 맞았는지요?

학생은 대답을 재차 확인했다.

학생　맞죠?

교장　그래, 맞았어. 다른 애들은 몇 점을 맞은 건지 궁금해서 아들에게 물어봤어. 그랬더니 다른 애들은 거의 다 100점을 맞았다고 대답했지.

학생　실망하셨겠네요?

교장　그래, 좀 실망했지. 부모의 본능은 자녀가 최소한 다른 아이들과 비슷하거나 더 잘하길 바라니까. 나 역시 부모잖아. 따라서 아인슈타인의 어머니처럼 꼴찌를 한 아들을 매력적으로 인식한다는 것은 결코 아무나 할 수 있는 쉬운 일이 아니라고 생각해.

학생　저 역시 그게 궁금한 거예요. 유대인들의 자아정체감이 발달했다 해도 인간의 본능까지 뛰어넘도록 하는 것이

가능하냐는 거죠. 부모의 역할에 관한 교육 없이도 말이에요.

교장 나도 그게 궁금해서 유대인에 관한 많은 책을 분석해 본적이 있어.

학생 유대인의 자아정체감에 관한 책을 찾으셨나요?

교장 아니, 전혀. 나는 단지 유대인과 관련된 책을 자아정체감의 관점에서 읽어 본 거야. 많은 책을 보면서 내가 알게 된 것은 놀랍게도 유대인들에게는 철저한 부모 교육이 존재한다는 거였어. 내가 생각하기에 전 세계 어느 나라에서도 그렇게까지 부모 교육을 철저히 하는 민족은 없는 것 같아.

학생 그들은 학교에서도 부모 교육을 받나 보죠?

교장 그런 건 아니야. 유대인 교육과정에서 부모 교육이라는 이름으로 진행되는 특별한 수업은 찾아볼 수 없었어. 단지 가정과 사회의 문화와 시스템에서 부모 교육을 한다고 보는 게 맞을 것 같아. 유대인은 자식을 바라보는 관점 자체가 우리와는 매우 달랐어. 우리는 임신한 태아를 자신의 소유로 생각하고 보살펴 줘야 할 대상으로 생각하잖아? 만약 종교가 있는 사람은 태아에 대한 최고의 찬사로 '신이 주신 선물'이라는 표현을 쓰지. 그러나 유대인들은 놀랍게도 배 속의 태아를 '신', 그 자체로 받아들여. 이들은 예수의 부활을 완전히 믿는 민족이잖아. 그래서 성모마리아의 몸을 빌려 예수가 태어났듯이 앞으로 누군가의 몸을 빌려 예수가 부활할지 모른다고 믿는 거야. 따라서 자신의 배 속에 있는 태아뿐 아니라 다른 사람이 임신한 태아도 예수가 부활한 아기일 수 있다고 생각하는 거야. 그들에게 신은 인간이 존경심을 갖고 모셔야 할 대상이잖아. 그러니 그들은 아기를 자신의 소유물이 아닌 자신보다 높은 경지에 있는, 모셔야 할 독립체로 보는 거지. 이러한 존경심을 바탕으로 하나의 분명한 독립체로 인정받고 자란 아이들이 부정적 자아개념을 갖는 것은 불가능하겠지?

학생 아이를 신으로 본다는 관점은 대단한 것 같아요. 그런데 이것은 종교적 생각에서 비롯된 것이고요. 우리나라에서도 부모가 태아에게 태명도 지어 주고, 태교도 해주잖아요. 이런 것을 보면 아기를 부모의 소유물로 생각하기보다는 하나의 독립체로 인정하는 행위 아닌가요?

교장 그래. 그렇게 생각할 수 있어. 그렇다면 태교의 의미가 뭐지?

학생 임신부가 태아를 위해 좋은 것만 먹고, 좋은 것만 보고, 그러는 것 아닌가요?

교장 너의 말은 태교는 태아에게 좋은 것들을 먹여 주고, 보여 주는 행위라는 것이지?

학생 그런 것 아닌가요?

교장 태교(胎敎)라는 단어는 한자 뜻으로 해석하면 태아를 가르친다는 의미지. 우습게도 우리는 배 속의 아기도 가르쳐야 할 대상으로 인식하는 거야.

학생 그럼, 유대인들은 태교가 없어요?

교장	유대인은 태교라는 단어를 사용하지 않고, 태담(胎談)이라고 표현해. 임신부는 배 속의 태아와 열 달 동안 일상의 대화를 나누는 거지.
학생	태아가 대답하는 것도 아닌데 어떻게 대화를 나눠요?
교장	'아가야, 안녕? 엄마가 아침에 식욕이 없지만 너를 위해서 맛있는 것을 먹을게.' '아가야, 엄마가 술이 너무 먹고 싶지만 너를 위해서 참을게.', '아가야, 엄마가 잠시 마음 아픈 일이 있어서 너도 힘들었지? 엄마가 이제부터 즐거운 일만 생각할게.'처럼 일상생활에 관해 태아와 대화하는 거지.
학생	친구와 대화하는 것 같아요.
교장	그래. 친구와 대화하듯이 태아를 독립체로 인정하는 거야. 태아는 엄마가 좋은 것을 골라 먹여 주어야 할 대상이 아닌 거지. 일상의 대화를 나누는 독립체로 인식하는 거야. 이건 엄마뿐만 아니라 아빠도 마찬가지야. 아내가 임신 중인 유대인 남편은 일찍 퇴근해서 태아에게 동화책을 읽어 줘.
학생	엄마와 아빠가 모두 태아와 대화를 나누는 거네요? 아빠가 동화책을 읽어 주면 태아의 정서에 도움이 될 것 같아요.
교장	글쎄. 유대인 아빠들이 태아에게 동화책을 읽어 주는 게 정서에 어떤 영향을 미치는지는 잘 모르겠어. 또 태아가 알아듣는지도 알 수 없지. 그러나 내가 확신할 수 있는 것은 이거야. 태아에게 날마다 동화책을 읽어 준 아빠는 동화책을 읽어 주려는 마음조차 먹지 않았던 아빠와 비교하면 아이가 세상에 태어났을 때 아이를 바라보는 눈이 완

전히 다를 거야.

학생 그럴 것 같아요. 유대인의 부모 교육이란 태담을 말하는 거였네요.

교장 아니. 그런 건 아니야. 태담은 그들의 문화에 해당한다고 보는 것이 더 적절해. 그런데 나는 유대인들의 부모 교육에 관해 찾아보다가 그들이 결혼과 동시에 부모 교육 센터에 다니게 된다는 것을 알았어. 그곳에서 좋은 부모의 태도와 가치관에 대해 교육받는 거지. 또 임신하면 아기를 낳은 선배 부부를 멘토로 삼는다고 해. 그들에게 육아법을 배워서 출산 후 아이를 바르게 키울 준비를 하지.

교장은 말을 계속하려다가 멈추고, 갑자기 학생에게 질문했다.

교장 너 혹시 TV에서 '우리 아이가 달라졌어요.'라는 프로그램을 본 적 있니?

학생 문제 행동을 보이는 아이의 부모를 대상으로 교육을 통해 아이의 행동을 변화시키는 프로 아닌가요?

교장 그래, 맞아. 놀라운 것은 그런 프로그램과 똑같은 시스템을 유대인들은 실제로 진행하고 있다는 점이야. 그들은 아이가 3세가 되면 유아 심리 치료사 자격증을 가진 전문가를 가정에 파견해. 그리고 2주간 아이의 정서 행동이나 부모의 자녀 양육 태도를 관찰해.

학생 어떻게 보면 외부인에게 사생활이 노출되는 건데, 부모들이 그걸 받아들이나요?

교장 일리 있는 지적이야. 외부 사람이 가정을 방문에서 계속 관찰하는 상황을 견디는 것은 쉬운 일이 아니겠지. 그러나 그들은 자녀에게 좋은 부모가 되기 위해 기꺼이 받아들이는 것 같아. 만약 전문가가 관찰 후에 아이와 부모 사이에 어떠한 문제가 있다고 판단하잖아? 그러면 아이에게는 심리적 치료를, 아이의 부모에게는 자녀 양육 방법에 관한 교육을 하게 돼. 일종의 '좋은 부모 컨설팅'이라고 표현할 수 있지. 자아정체감이 높은 부모에게 좋은 부모 교육까지 하는 유대인이기에 그렇게 세계적인 인물들이 많이 탄생하는 것 같아.

자아정체감이 발달하지 못한 부모는
자녀에게 치명적인 상처를 주는 상황을 자주 만들기 때문에
아이의 영혼을 죽이게 된다.
그러면 아이는 부정적 자아개념, 부정적 자아존중감이 발달하고
결국 자아정체감에 이르지 못한 채로 부모와 똑같은 고통을 받게 된다.
그러나 아이의 자아정체감을 기를 수 있는
좋은 부모의 인성은 노력 없이 만들어지는 것이 아니다.
유대인은 자녀를 신으로 생각하고,
결혼 전에는 부모 교육을, 임신 중에는 선배 멘토링을,
출산 후에는 전문가 컨설팅을 받는다.
그들은 배 속의 태아와 대화하고 책을 읽어 주며, 독창성을 키워 준다.
이러한 유대인 교육 시스템이
상처받지 않는 강한 자아를 가진 아이를 만드는 것이다.

"자아정체감이 없는 부모는
아이의 상처를 만들어 나간다."

"당신이 보내는 사랑한다는 신호를
아이가 아는 것에서 자아정체감이 출발한다."

"자아정체감의 의미를 아는 것만으로도
당신의 상처는 반감된다."

19

자아정체감이 없는 당신이 할 수 있는
유일한 방법

교장   어느 학부모님이 어느 날 유명 강사님께 강의를 들으셨
대. 그 강사님은 부모가 자녀의 말에 공감 언어를 적극적
으로 사용해야 자녀와 소통할 수 있다고 하셨다는 거야.
어머님은 그 말에 매우 공감하셨기에 일상생활에서 자녀
에게 항상 공감 언어를 사용하기로 하셨지. 그리고 얼마
후, 아이가 학교에서 친구랑 다투었다고 투덜거리는 일이
생겼어. 어머님은 이때다 싶어 바로 공감 언어를 적용하
셨지. '네가 친구와 사이가 안 좋아 마음이 아프구나.'라고
말이지. 그런데 엄마의 기대와는 다르게 아이가 화를 내
더라는 거야. 어머님은 이게 처음이라 그런가 싶어서 이
후에도 공감 언어를 적극적으로 사용하셨대. 그런데 그

럴 때마다 아이는 항상 화를 냈대.

학생 평소 엄마가 사용하지 않던 말투니까 그렇겠죠.

교장 나도 어머님의 말씀을 듣고 그렇게 생각했어.

학생 그럼, 다른 이유가 있었다는 건가요?

교장 그래. 그 어머님도 아이의 반응이 왜 그런 건지 너무 궁금해서 아이에게 이유를 물어보셨어. 아이의 대답은 엄마가 실제 공감하지도 않으면서 공감하는 것처럼 말하니까 너무 가식적으로 느껴졌다는 거야. 그래서 화가 났다는 거지.

학생 아인슈타인과 어머니 사이의 믿음과는 완전히 반대되는 사례네요. 저는 선생님께 구체적인 말씀을 듣고 싶은데요. 아이에게 자아정체감을 만들어 주기 위해 부모가 해야 할 일이 칭찬이라고 하셨잖아요. 그리고 자아정체감이 낮은 부모는 자녀를 칭찬으로 키우는 것 자체가 어렵다고도 말씀하셨고요. 그렇다면 자아정체감이 발달하지 않은 부모는 숙명적으로 자녀도 자아정체감이 없는 사람으로 키울 수밖에 없는 건가요?

교장 너는 자아정체감이 있는 부모와 없는 부모의 공통점이 뭐라고 생각하니?

학생 글쎄요. 부모라는 거요?

교장 그렇네? 둘 다 부모지. 그리고 이 세상의 거의 모든 부모는 자식을 사랑하지. 나는 이게 자녀의 자아정체감을 만들 수 있는 중요한 열쇠라고 생각해.

학생 부모의 사랑이 있으면 자녀의 자아정체감이 만들어진다

는 말씀인가요? 그런데 그건 모순 아닌가요? 자아정체감
이 낮은 부모가 자녀를 사랑한다고 해도 상처를 잘 받는
특성 때문에 아이에게도 상처 주는 말을 서슴없이 하게
된다고 하셨잖아요?

교장　그래, 맞아.

학생　그런 부모에게서 아이는 긍정적 자아개념을 만들 수 없는
거잖아요.

교장　내 생각에 부모가 자녀를 사랑하는지는 중요한 게 아닌
것 같아.

학생　무슨 말씀을 하시려는 건지 이해가 안 돼요. 모든 부모가
자녀를 사랑한다는 것이 자아정체감의 열쇠라고 하지 않
으셨나요?

교장　부모가 아이를 사랑하는지가 아니라 아이가 부모가 자신
을 사랑하고 있다는 것을 알고 있는지가 중요한 것 같아.
부모의 사랑에 대한 아이의 인지 말이야. 대부분 부모가
자녀를 진심으로 사랑하겠지만 정작 아이가 그걸 알고 있
느냐는 거지. 다시 말하지만, 부모가 자녀를 사랑하고 있
는지, 아닌지보다 더 중요한 것은 아이가 부모가 자신을
진심으로 사랑한다는 것을 완전히 믿어야 한다는 점이야.

학생　그렇다면 부모가 아무리 아이를 사랑해도 아이가 알지
못한다면 자아정체감이 생기는 데 어려움이 있다는 건
데…….

교장　자아정체감의 뿌리가 되는 긍정적 자아개념을 만들어 주
는 데 가장 필요한 것은 부모가 아이를 사랑한다는 신호

를 계속해서 보내는 거야. 너도 알다시피 긍정적 자아개념이 만들어지는 데는 다른 사람이 자신을 어떻게 평가하는지가 큰 영향을 미치잖아. 아이는 부모가 자신을 사랑스러운 사람으로 평가해 준다고 느껴야만 해. 그러면 이것이 아이가 자신을 긍정적으로 판단하는 근거로 작용할 수 있어. 그래야 자신을 중요한 사람이라고 인식할 수 있는 거야. 결론적으로 부모가 자신을 사랑한다고 느끼는 것은 아이의 긍정적 자아개념을 탄탄하게 만들어 주는 기초가 되는 것이지.

학생 선생님께서는 분명히 자아정체감이 떨어지는 부모는 아이를 대할 때 다른 사람과 비교하고, 사안보다는 사람에게 초점을 맞추는 성향이 있다고 하셨어요. 그래서 아이에게 상처를 더 주게 되고, 칭찬하기도 어렵다고요. 이런 부모를 둔 아이는 부정적 자아개념이 만들어질 수밖에 없는 것 아닌가요? 이런 부모가 자녀에게 아무리 사랑의 신호를 준다고 해도 낮은 자아정체감으로 인해 부모는 자녀에게 상처를 줄 수밖에 없잖아요. 그러면 아이는 부모의 사랑을 믿기 힘들 것 같은데요. 어떻게 긍정적 자아개념이 만들어질 수 있다고 확신하시는 거죠?

교장 물론 아이의 자아정체감을 기르기 위해서는 부모의 자아정체감이 가장 중요하다고 생각해. 자아정체감이 낮으면 상처를 잘 받고 또 상대에게 상처를 주니까. 그러나 부모가 자아정체감이 부족해도 자녀에게 '내가 너를 얼마나 사랑하고 있는지'를 꾸준히 신호로 보내면 아이의 자아정

체감을 기르는 데 틀림없이 도움이 돼. 그 이유는 자아정
체감이 낮은 부모가 아이에게 가끔 상처를 준다 해도, 그
것을 받아들이는 아이의 해석이 중요하니까. 상처는 자
신의 해석에서 출발한다고 했던 것 기억하지?

학생   상대방의 말과 행동에 대한 자신의 해석, 바로 그 말씀이
시네요? 그런데 아이가 자아정체감이 있어야만 부모의
말과 행동에 대해 '그럴 수 있다.'라고 해석도 할 수 있는
것 아닌가요? 자아정체감은 '그럴 수 있다고 생각하는 힘'
이라고 하셨잖아요. 그런데 아이는 말도 잘 이해하지 못
하고, 자아정체감이 생기지도 않을 나이잖아요. 그런 상
태에서 단지 부모로부터 사랑의 신호를 받고, 자신을 사
랑한다는 것을 안다고 해도요. 부모가 자신에게 상처 주
는 말과 행동을 접할 때마다 '그럴 수 있다.'라고 판단한다
는 것이 정말 가능할까요?

교장   불가능하지. 그러나 아이가 부모가 자신을 진심으로 사
랑하는 분이라는 것을 알고 있다면 다르지. 그러면 아이
는 부모가 자신에게 내뱉는 상처의 말이 '나'라는 사람을
공격하는 것임에도 그것을 자신을 향한 말로 받아들이지
않게 돼.

학생   왜죠?

교장   부모는 자신을 사랑하지만 지금 화가 나서 그런다는 것으
로 받아들이는 거야. 이건 사람에 대한 공격이 아닌 사안
에 대한 지적으로 해석하는 것을 의미해. 따라서 아이에
게 부정적 자아개념이 만들어지는 것을 막을 수 있어. 반

면 부모가 자신을 사랑한다는 것을 모르는 아이는 부모가 약간의 부정적인 말을 하면 자신을 자학하거나, 혹은 자신을 비난하는 부모에게 분노를 느끼게 되지. 심지어 부모가 사람을 지적하지 않고 사안에 대해 말하는 상황에서도 아이는 사람인 자신에게 하는 말로 생각해서 분노를 느낄 수 있어. 이런 상황에서는 아이가 긍정적 자아개념을 만드는 것이 거의 불가능하지. 이런 이유로 부모는 자녀에게 사랑의 신호를 끊임없이 보내야 하는 거야.

학생 부모가 아이에게 사랑의 신호를 보내기 위해서는 어떻게 해야 하는 거죠?

교장 어떻게 해야 할까?

학생 항상 사랑한다고 말해야 하나요?

교장 사랑한다는 표현을 말로 하는 것이 나쁠 건 없다고 생각해. 단지 그 말을 아이가 믿을 것인지는 아이에게 달려 있지 않을까? 중요한 것은 부모는 아이가 눈치채도록 '내가 너를 정말로 사랑하고 있다.'라는 신호를 끊임없이 보내야 하는 거지. 이러한 신호는 단지 사랑한다는 말만으로는 부족한 것 같아. 진정성이 보이지 않는 상투적인 표현이라면 아이는 오히려 상처를 받을 수도 있으니까.

학생 말로 표현하는 것이 아니면 대체 어떻게 사랑의 신호를 보내야 한다는 거죠?

교장 너는 부모님이 너를 사랑한다는 것을 언제 느꼈니?

학생에게 부모의 사랑에 대해 질문한 교장은 아차 싶었다. 아버지가 안 계시고 어머니는 정신분열증을 앓고 있는 상황에서 학생이 상처를 받을 수도 있다고 생각하니 마음이 괴로웠다. 하지만 이미 내뱉은 말을 다시 주워 담을 수도 없어 난감했다. 그런데 학생은 의외로 어머니를 예로 들며 아무렇지 않게 대답했다.

학생   저와 동생이 밥을 먹을 때 엄마가 옆에서 머리를 쓰다듬어 주실 때가 있어요. 정신적으로 어려움이 있으신 엄마지만 저를 사랑하신다는 걸 느껴요.

학생의 말에 조용히 아이들의 머리를 쓰다듬어 주는 엄마와 밥을 먹는 아이들의 모습이 교장의 머릿속에 영상처럼 지나갔다. 교장은 순간 마음이 아려왔지만 내색하지 않았다.

교장   그래. 엄마가 특별히 사랑한다고 말하지 않으셨어도 너는 엄마의 깊은 사랑을 알 수 있었잖아? 바로 그거야. 아이가 실수했을 때 괜찮다는 따스한 눈빛을 보내는 것, 아이가 두려워하고 있을 때 조용히 안아 주는 것, 잠이 많은 부모지만 일주일에 어느 하루는 일찍 일어나 아이가 좋아하는 음식을 만들어 주는 것, 음식을 먹는 아이의 모습을 옆에서 따스하게 지켜보는 것, 아이에게 다가가서 슬쩍 손을 잡는 것 등 다양한 방법으로 신호를 보낼 수 있어. 아이가 상처를 이겨내는 힘의 원천은 부모가 '너는 정말 멋지고 매력 있는 아이'라는 신호, '너는 다른 사람과는 다른 독특한 아이'라는 신호, 너는 더없이 소중한 아이'라는 신호를 아이에게 꾸준히 보내는 데서 싹트는 거지. 한 아이가 태어나서 청소년기에 이르기까지 자아정체감을 만드는 데는 부모가 자신을 사랑하고 있다는 것을 느낄 때만 가능하니까.

학생　부모만이 상처받지 않는 힘, 자아정체감을 길러 줄 수 있는 것이라면요. 이미 부모의 양육 시기가 지났고, 현재 자아정체감이 만들어지지 못한 사람은 어떻게 해야 하는 거죠?

교장　자아정체감이 발달하지 못해서 상처받는 정도가 심한 사람이라 해도 자아정체감이 무엇인지 정확히 이해하게 된다면 그 정도는 상당히 반감될 수 있어.

학생　왜 그런 거죠?

교장　왜 상처를 받는지를 알게 되니까. 다시 말하면 상처받지 않는 사람들이 왜 안 받는지를 알게 되니까.

부모가 자아정체감이 부족해도 자녀에게

'내가 너를 얼마나 사랑하고 있는지'에 대해

꾸준히 신호를 보내는 일은

아이의 자아정체감을 기르는 데 큰 도움이 된다.

아이가 상처를 이겨 내는 힘의 원천은 부모가

'너는 정말 멋지고 매력적인 아이'라는 신호,

'너는 다른 사람과는 다른 독특한 아이'라는 신호,

'너는 더없이 소중한 아이'라는 신호를

아이에게 꾸준히 보내는 데서 싹트기 때문이다.

그런데 그보다 더 중요한 것은

그 신호가 아이에게 도달해서

아이가 부모가 자신을 사랑하고 있다는 것을

완전히 믿어야 한다는 것이다.

"당신은 이제 용기를 내야 한다."

"당신의 모습을 있는 그대로 드러내 보이면
기적이 기다린다."

"당신은 이제 아무렇지 않다."

20

타인에게서 벗어나는 용기

학생 선생님, 그거 아세요? 오늘이 약속한 마지막 스무 번째예요.

교장 그렇네. 우리가 스무 번의 상담을 하기로 약속했었는데, 어느덧 마지막 상담이네? 너는 나와의 상담이 종료될 때까지 문제가 해결되지 않으면 죽음을 선택하겠다고 말했었지.

학생 그런데 선생님은 그동안 제 문제에 대해 직접적으로 다루신 적이 거의 없는 거 아세요?

교장 알고 있지. 그럼 이제 본격적으로 너의 문제에 관해 이야기해 볼까?

학생 오늘이 마지막인데, 이제서요?

학생은 흰 이를 드러내며 큰 소리로 웃더니 이내 진지한 표정으로 돌아갔다.

학생 그런데 한 가지는 분명히 알게 되었어요. 제가 왜 상처받는지요. 그리고 제가 무엇을 길러야 하는지도요. 하지만 현재 제 앞의 문제를 맞닥뜨리는 것은 너무 두려운 일이에요. 선생님과 대화하면서 계속 저의 문제를 생각해 보았어요. 그 과정에서 제가 정말 두려워하는 것이 무엇인지도 알게 되었고요. 저는 억울해서 죽고 싶은 거라고 생각했는데, 사실은 두려워서 죽음을 택할 수밖에 없었다는 것을 깨달았어요.

학생은 이야기를 멈추고 조용히 침묵했다. 그런 상태로 10분 정도 지나서야 학생이 다시 말을 시작했다.

학생 제 친구들이 저희 어머니가 정신분열증을 앓고 있다는 것을 알게 된 후, 저를 향해 '미친년'이라고 수군거렸죠. 저는 친했던 친구들이 하루아침에 어떻게 저에게 그런 행동을 할 수 있는지, 크게 상처를 받았어요. 그런데 그 부분에 관해 계속 생각해 보니까요. 제가 친구들한테 우리 집이 잘사는 것처럼 계속 거짓말을 해왔기 때문이라는 생각도 들었어요.

교장 그럼, 너는 친구들이 너에게 한 행동을 이해했다는 거니?

학생 이해한 게 아니라 왜 그런 일이 생겼는지 생각, 아니 분석을 한 거예요. 솔직히 그렇게까지 나에게 잔인하게 굴 수 있는 걸까 하는 생각이 떠나질 않아요. 하지만 중요한 것은 저의 엄마가 실제로 그 애들이 알고 있는 것처럼 정신적으로 질병이 있는 상태라는 거죠. 그 애들은 제가 그 모든 것을 숨기고 거짓말을 했다는 것 때문에 그렇게 표현했을 거예요. 저는 자아정체감이 낮아서 그 애들이 저에게 그런 심한 말을 할 수는 없다고 생각하고 계속 상처를 받은 것이고요. 그 애들도 저에 대해 '어떻게 그렇게 거짓말할 수 있는 건지, 그래서는 안 된다.'라고 생각해서 저를 혐오한 것으로 생각해요.

교장 음······.

학생 그런데 생각하면 할수록 저는 더욱더 살아갈 자신이 없어요. 그 애들은 학교에서 계속 저를 공격할 텐데, 저는 어떻게 해야 하는지 잘 모르겠어요.

교장 왜 계속 공격할 것으로 생각하니?

학생 그 애들과 저 사이에 풀린 게 하나도 없고, 저희 엄마가 실제 정신분열증을 앓는 것도 사실이니까요. 제가 그 애들에게 뭐라고 말하는 것도 불가능해요. 더구나 제가 이렇게 학교를 안 나가는데도 그 아이 중에 아무도 제게 연락조차 하지 않고 있어요. 교실로 돌아가면 저를 거짓말쟁이로 무시하며 계속 괴롭힐 거라는 생각이 들어서 심장이 너무 두근거려요.

교장 좀 전에 너는 네가 두려워하는 것이 무엇인지 알게 되었다고 말했잖아. 진짜로 네가 두려워하는 것이 무엇인지 말해 보겠니?

학생   저는 엄마와 동생이 친구들에게 알려지는 것이 무엇보다도 두려웠던 거예요.

교장   왜?

학생   잘 모르겠어요. 사실, 엄마와 동생이 건강하지 못한 현재 상황이 싫은 것보다 그냥 다른 사람들이 저와 제 가족을 그렇게 생각하는 것이 너무 싫어요.

교장   그래. 다른 사람이 너를 어떻게 보는지가 가장 큰 관심사였던 거구나. 너의 엄마와 동생이 건강이 안 좋은 것보다 더 무서운 것은 타인이 너를 어떻게 보느냐에 대한 거지.

학생이 갑자기 눈물을 흘렸다. 교장은 휴지를 뽑아 학생에게 건넸다. 학생을 보는 교장도 마음이 아팠다.

학생   저는 어려서부터 지금까지 다른 사람들이 저와 제 가족을 어떻게 볼지 전전긍긍하며 살았어요.

교장   너는 그냥 너일 뿐인데 친구들이나 다른 사람들이 너를 어떻게 생각하는지가 더 중요한 거네?

학생   선생님, 그런 말씀은 너무 잔인한, 그건 정말 말도 안 되는 소리예요. 선생님을 비롯해 본인들이 이런 상황이 아니니까 할 수 있는 말이에요. 저는 제가 이유 없이 무시당하는 게 싫어요.

조용히 이야기하던 학생이 목소리의 톤을 한층 높이며 말을 이어 나갔다. 교장은 학생의 목소리가 격앙되어 있다고 느꼈다.

학생   선생님 말씀이 틀린 얘기는 아니죠. 하지만 현실에서는 그런 주장 자체가 저에게 불가능한 요구예요. 실제로 저는 초등학교 때 엄마 때문에 친구들에게 놀림을 받은 적이 많았고, 너무 힘들게 지냈어요. 제가 왜 그런 무시를 당해야 하나요? 선생님은 무시를 당해도 상처를 받는 사람과 안 받는 사람이 있다고 하셨지만, 저는 너무 크게 상처를 받는 사람이에요. 아시겠어요?

교장   다른 사람들이 너를 무시한다고 생각한 너의 해석이 맞는다고 치자. 또 너를 놀리는 아이들이 있었던 것도 사실이지. 그러나 그건 그들의 생각이야. 상대가 너를 그렇게 생각할 뿐이지, 네가 무시당할 사람이 아니라는 점이 가장 중요해. 그들이 너를 무시한다고 해서 네가 무시되는 것은 전혀 아니니까. 오히려 너는 힘든 상황에서도 엄마와 동생을 잘 돌보는 훌륭한 아이잖아. 그게 진실이야. 우리는 본능적으로 자신의 약점을 드러내는 것을 굉장히 꺼려. 그 이유는 상대가 자신을 어떻게 생각할까 하는 것 때문이야. 하지만 약점을 숨기면 숨길수록 상대는 더욱더 그것을 나의 약점으로 인식하게 돼. 물론 자아정체감이 있으면 아무렇지 않을 수 있는 일이지만 그렇지 못하면 상처를 받게 되지. 그런데 재밌는 게 뭔지 아니?

학생은 교장의 질문에 검지를 깨물기만 할 뿐 대답하지 않았다.

교장 진짜 재밌는 것은 막상 나의 약점을 타인에게 과감하고 용기 있게 드러냈을 때 의외로 상대는 나에 대해 아무런 생각도 하지 않는다는 거야. 그리고 더 중요한 것은 상대가 나를 어떻게 생각하든지 그건 상대의 마음이야. 나 역시 타인에 대해 다양한 생각을 하듯이 말이야. 만약 상대가 나를 비난하는 이유가 내가 남에게 해를 끼치기 때문이라면 그건 고려해야 할 일이겠지. 하지만 그게 아니라면 아무 의미가 없는 일이라는 거야. 남에게 해를 주지 않는 일이라면 상호 무죄 아니겠니?

학생 저에게 일은 이미 벌어졌어요. 저는 예전처럼 이 학교에서 평범하게 지내기는 어려울 것 같아요. 그 애들이 저를 비난하는 것이 저와 아무 상관 없는 일이라고 생각하려는 것 자체가 너무나도 고통스러운 일이니까요.

교장 네가 드러내고 싶지 않은 너의 모습을 네가 두려워하는 상대에게 한번 드러내 보이면 안 되겠니?

학생은 대답 없이 한동안 생각에 잠겼다. 그 시간이 상당히 길었지만 교장은 조용히 기다려 주었다.

학생 그 애들에게 제가 숨기고 싶어 하는 것을 드러내 보이라고 하셨어요? 저와 상대하고 싶지도 않다는 애들에게 저의 가정사를 털어놓기라도 해야 한다는 건가요?

교장 맞아. 그런 의미야.

학생 차라리 죽는 편이 나을 것 같아요. 생각만 해도 심장이 떨려요.

교장과 학생이 말을 하지 않고 앉아 있는 시간이 지속되었다.
10분 정도의 시간이 지난 후 교장이 정적을 깼다.

교장   내가 지난번에 너에게 비슷한 이야기를 한 적이 있는데
      기억하니? 꼴찌를 한 학생에게 '너 꼴찌 했다면서?'라고
      물었을 때 질문을 받은 아이는 두 가지 대답 중 하나를 하
      겠지. 딱 잡아떼면서 누가 나에 대해 그런 이야기를 했는
      지에 관심을 보이는 아이가 있을 거야. 또 다른 아이는 꼴
      찌를 했다고 완전히 인정하면서 공부하는 방법을 잘 모르
      겠다고 솔직히 털어놓을 거야. 너는 이 두 대답 중에 어떤
      대답을 하는 사람이 더 매력적으로 보이니?

학생은 대답하지 않았다. 한동안 조용히 기다리던 교장이 다
시 질문했다.

교장   꼴찌 한 것을 솔직히 말하는 아이가 공부를 못하는 바보
      로 보이니?

학생은 여전히 대답이 없었다.

교장   두 사람 중에 네가 친구를 선택해야 한다면 누구를 고르
      겠니?

• • •

학생은 교장과 마지막 상담을 하고 정확히 일주일 후에 자신에게 욕을 했던 일곱 명의 친구들을 저녁 식사에 초대했다. 친구들은 학생의 엄마가 진짜로 정신분열증을 앓고 있는지 볼 수 있는 좋은 기회로 생각했기에 기꺼이 승낙했다. 친구들이 집으로 온 날 학생은 그들에게 자신의 엄마를 소개했다.

학생   얘들아, 우리 엄마야. 인사드려. 너희들이 보다시피 엄마는 정신 건강이 좀 안 좋으셔.

친구들은 학생의 어머니께 머뭇거리며 인사했다. 학생은 다시 자신의 동생을 불러 친구들에게 인사시켰다.

학생   누나 친구들이야. 인사해.

동생을 본 친구들은 학생의 동생이 정신적 장애가 있다는 것을 한눈에 알아챘다. 학생은 다시 친구들에게 설명했다.

학생   너희들이 보듯이 내 동생도 정신 건강이 좀 안 좋아. 그래서 내가 엄마와 동생을 돌보는 보호자야. 이게 내 모습이야.

학생의 동생도 정신적 장애가 있는 것까지는 몰랐던 친구들은 이 상황을 알게 되자 화들짝 놀랐다. 학생은 조용히 비빔밥을 밥상에 올려 친구들에게 대접했다. 친구 중에는 눈물을 흘리며 밥을 먹지 못하는 아이도 있었다.

그 후 기적이 일어났다. 학생을 욕하던 친구들은 그녀를 친구 이상으로 존경하게 되었다. 학생은 학교에 잘 적응하여 행복한 생활을 했고, 본인이 원하던 대학교에 장학생으로 입학했다.

강한 자아는 자신의 실수나 잘못에
변명이나 거짓말을 하기보다,
그것을 솔직히 인정하며 고백하게 하는 힘을 갖고 있다.
그리고 아무도 진심으로 고백한 사람을 비난하지 않는다.
오히려 고백한 사람은 존경을 받게 된다.
고백은 아무나 할 수 있는 일이 아니며,
용기 있는 자만이 할 수 있기 때문이다.
그러한 용기는 다른 사람이
자신을 어떻게 보는지에 관한 관심을 없앨 때,
자신은 이런 사람이라는 것을 인정할 때 생긴다.
그것이 자아정체감의 힘이다.

"선생님, 정말 감사했습니다."

몇 년 후

섬마을 소장과 여교사

교장은 학교를 떠나 교육청 장학관으로 근무하다 조기 퇴직했다. 그 후 시골의 조용한 섬에서 지내고 있었다. 그러던 중 놀랍게도 그 먼 곳에 학생이 찾아왔다. 교장이 기억을 더듬어 보니 학생이 졸업한 지도 5년이 지나 있었다. 그동안 교장은 학생에 관한 아무런 소식도 듣지 못했다.

교장이 머무는 곳은 대중교통으로 오려면 버스에서 내려 적어도 한 시간은 걸어야 올 수 있는 곳이다. 그렇기에 교장은 학생의 방문을 믿을 수 없었다. 교장 앞에 나타난 학생은 이제 어엿한 성인이었다. 갈색 정장을 입은 그녀는 매우 지적이고 아름다워 보였다. 교장은 놀라면서 그녀를 반겼다.

교장 　 어떻게 여기까지 왔어? 차도 없이 걸어서 온 거니?

학생 　 선생님, 이곳은 정말 아름다운 곳이네요. 집 앞에 이렇게 바다도 보이고요.

학생은 긴 머리를 쓸어 올리며 다시 말을 이었다.

학생 　 너무 멀리 숨어 계셔서 정말 찾기 힘들었어요. 학교, 교육청 모두 들쑤시고 다녀서 이제야 간신히 선생님이 계신 곳을 알게 되었어요.

교장 　 하하. 나는 네가 올 줄은 상상도 못 했어. 어서 들어가자.

교장이 작은 집의 더 작은 문을 열자 놀랍게도 카페 같은 실내가 보였다. 예쁜 부엌이 있었고 그곳에는 통나무로 만든, 부엌의 반을 차지하는 넓은 탁자가 자리 잡고 있었다. 교장은 학생에게 자리를 내주며 앉으라고 권했다. 그리고 부엌문의 반대편 문을 바닥을 향해 내렸다. 그 순간 학생이 환호성을 질렀다. 문이 바닥으로 변하면서 소나무 산을 가득 담은 풍경이 집안을 온통 감싸고 들어왔기 때문이다. 학생은 이 풍경이 영화에서나 볼 수 있는 장면이라고 생각했다.

학생 　 정말 작지만 아름다운 집이네요. 어떻게 이렇게 멀리까지 오시게 된 거죠? 퇴직하셨더라고요. 임기가 다 끝나신 건가요?

쏟아지는 학생의 질문을 들은 교장은 머리를 긁으며 너털웃음을 터뜨렸다.

교장   아니. 8년 일찍 조기 퇴직했어.

학생   왜요? 알아보니까 교육청에서 근무하셨던데요. 무슨 사건이라도 있었던 건가요?

사건이라는 말에 교장이 다시 크게 웃었다.

교장   아니, 일은 무슨 일이야. 아무 일도 없었어. 단지 우연히 어이없는 논문을 읽은 것이 발단이지 뭐.

학생은 눈을 크게 뜨고, 어깨를 으쓱하며 호기심을 드러냈다.

교장   5쪽짜리 논문이었는데 말이야. 정년퇴직한 교사와 조기 퇴직한 교사가 각자 연금을 언제까지 받고 죽었는지에 관한 연구 내용이었거든. 근데 연구 결과가 정년까지 오래 근무한 교사보다 조기 퇴직한 교사가 15년 이상 오래 사는 것으로 나왔어.

학생   그럼, 단지 오래 살려고 퇴직하셨다는 건가요?

교장   그렇지.

교장은 단호하게 대답했다. 그러고는 과하게 고개를 끄덕였다.

학생 　선생님, 정말 뜬금없으시네요. 저는 뭐 엄청난 일이 있는 줄 알았죠.

교장 　내가 언제 죽을지도 모르잖아? 스스로 팔팔하게 움직일 수 있는 나이에 퇴직해서 온전히 나를 위해 살아야겠다고 결심한 것뿐이야.

학생이 박장대소를 했다.

교장 　여기로 오는데 뭐가 제일 힘들었는지 아니?

학생 　돈이요?

교장 　역시 너의 수준이 그렇지 뭐.

학생 　그럼 대체 뭐예요?

교장 　내가 가지고 있는 것들을 버리는 게 가장 어렵더라고. 직장에서의 직위, 넓은 집, 그리고 만류하는 사람들 말이야. 정말 절실히 느꼈어. 무엇을 얻는 것보다 이미 가진 것을 버리는 것이 참으로 힘든 일이더라고.

학생 　이 동화 같은 집은 직접 지으신 거예요?

교장 　내가 지은 것은 아니지만 디자인을 직접 했어. 우선 사람이 거의 살지 않는 이곳, 섬의 바닷가에 아름다운 땅을 구했지. 그리고 방 한 칸에 아름다운 창과 투박한 나무 탁자가 있는 부엌을 만들자고 생각했지. 내가 상상하고 꿈에 그리던 동화 속 작은 집을 지은 거야.

학생 　제가 지금까지 본 집 중에 가장 예쁜 집인 것 같아요. 집 양옆에는 산이 있고, 앞에는 가로수인 감나무와 바다가

보이잖아요. 그럼 이제 정말 편하게 행복을 위해 살고 계
신 거네요?

교장은 소리 없이 웃으며 두 눈을 찡긋 감았다 떴다.

교장 그게 마음대로 안 되더라고. 저기 바닷가에 엄마와 아이
가 걷는 모습이 보이니?

교장이 손을 뻗어 바닷가 언덕길을 가리켰다. 그곳에는 엄마
와 중학생 정도로 보이는 남자아이가 함께 걸어가고 있었다. 학
생은 햇빛이 비치는 바닷가를 걷는 엄마와 아들의 모습이 참 정
겹다고 느꼈다.

학생 두 사람, 누구예요?
교장 나에게 상담을 받는 중인 아이와 엄마야. 학교 적응이 어
려운 친구거든.
학생 그럼 또 상담 일을 하시는 거예요?
교장 그렇게 됐어. 조용히 나만을 위해 사는 것이 쉬운 일이 아
니더라고. 여기서 지낸 지 겨우 한 달이나 되었을까. 한
엄마가 학교에 적응하지 못하는 아이의 상담을 간절히 요
청하셨어. 나는 고민 끝에 그 부탁을 받아들였지. 그 후로
계속 학교 부적응 아이, 부모와의 갈등으로 힘든 아이들
을 돕게 되었어. 심지어 부부 사이의 문제까지 상담을 요
청하는 상황이라서 단 하루도 스케줄이 비질 않아. 그래

서 지금은 〈좋은부모교육연구소〉 소장으로 일하고 있어. 자아정체감을 만드는 좋은 부모 교육을 위한 상담을 해야 겠다는 신념이 생겼거든. 정말이지 오래 살기가 쉽지 않은 것 같아.

학생 자아정체감이라는 말, 정말 오랜만에 듣네요. 그런데 그 교육은 실제 가능하지는 않다고 하신 걸로 기억하는데요. 아닌가요?

교장 그래. 나이를 먹은 부모가 자아정체감을 교육으로 얻는 것은 매우 어렵지. 단지 자아정체감이 있을 때의 행동을 연습하는 것만 가능하다고 봐.

학생 그럼, 어떻게 자아정체감 교육을 하시는 거죠?

교장 가장 중요한 것은 부모와 자녀 사이의 관계를 개선해 주는 거야. 단순한 행동수정이 아니라 부모와 자녀가 진솔한 대화를 할 수 있도록 이 아름다운 장소를 제공해 주는 거지. 부모와 자녀가 아름다운 바닷가를 걷고 맛있는 회도 먹을 수 있는, 그런 추억을 만들어 주는 장소로 여기가 너무 잘 맞더라고.

학생 선생님, 정말 잘하셨어요. 선생님이 저를 구렁텅이에서 구해 주셨듯이 다른 아이들도 절실할 거예요.

교장 구렁텅이에서 구했다고?

학생 네. 선생님은 제 생명의 은인이세요. 세상에서 가장 약했던 저를 가장 강한 사람으로 만들어 주셨어요. 그 말씀을 꼭 드리고 싶어서 선생님을 뵙고 싶었던 거예요.

교장은 학생의 말에 감동했다.

교장 그런데 내 얘기만 했잖아. 너는 대학교를 졸업했겠지?

학생 졸업하고 지금은 학교에서 중학생 아이들을 가르치고 있어요.

교장 정말? 네가 사범대에 들어갔던가?

학생 아니요. 공대에 들어갔죠.

교장 아, 그래 맞아. 그런데 어떻게 선생님이 된 거지?

학생 대학에 들어가고 나서 제가 정말 하고 싶은 일에 대해 골똘히 생각해 봤어요. 그런데 아이들에게 힘을 주는 좋은 교사가 되고 싶더라고요. 선생님이 저에게 해주셨듯이요. 그래서 교육학을 이수해서 교사 자격증을 따고, 임용시험을 봤고, 이렇게 여기까지 오게 된 거죠.

교장 대단하네. 그런데 나는 너와 대화만 했는데, 그렇게 좋게 생각해 주니 정말 고맙네.

학생 선생님은 오랜 시간 동안 저와 저의 고민에 관해 진심으로 대화를 해주셨잖아요. 저는 그 당시 죽음을 생각할 정도로 견디기 힘들었어요. 그렇지만 선생님이 옆에 계셔서, 그리고 선생님이 저의 자아정체감을 만들어 주셔서 살 수 있었어요. 선생님, 정말 감사했습니다.

학생은 말을 하면서 눈시울을 붉혔다. 교장도 학생의 말에 울컥해서 눈물을 글썽였다.

죽음을 생각할 정도로 견디기 힘든 상처도

근본 원인은 자아정체감의 부재에 있다.

따라서 자아정체감을 키우면 문제를 해결할 수 있다.